슬기로운 생활 70가지

100세 시대 생존법

슬기로운 생활 70가지

100세 시대 생존법

조정호 지음

프롤로그

보람찬 하루하루가
노후 삶의 질을 결정한다

　　　　　　　　　　최근에 '파이어족'이란 말이 유행하고 있습니다. 이는 경제적 자립(financial independence)을 통해 조기 은퇴(retire early)를 하는 사람들을 일컫는 말입니다. 파이어족이 되기 위한 조기 은퇴는 일반적으로 어려운 일처럼 보입니다. 하지만 굳은 의지만 있다면 30대부터 다양한 자격증과 석·박사 학위 취득, 재테크 등을 통해 노후 준비를 마칠 수 있습니다. 더불어 이 책에서 제시하는 70가지 팁을 성실히 실천한다면, 누구에게도 휘둘리지 않고 자신의 삶을 주도적으로 살아갈 수 있을 것입니다.

이 책에는 우리가 평소에 어렴풋이 알고는 있지만 정확히 알거나 실천하지 못했던 것들에 대한 정보가 담겨 있습니다. 이는 제가 직접 경험한 생생한 사례들을 바탕으로 하고 있어, 삶에 실질적인 도움이 될 내용이라 자부합니다.

Part 01 '회사에서의 슬기로운 생활 20가지'에서는 회사 생활을 하면서 도움이 되는 일들과 더 나아가 노후준비를 할 수 있는 일들에 대해 다루었습니다. 장기근속의 가치, 자격증을 39세 이전에 취득해야 하는 이유, 신입사원이 알아야 할 555 법칙, 기록의 중요성, 바람직한 리더의 태도, 좋은 성품, 롤 모델의 중요성, 작은 정성이 만드는 기적 등을 설명합니다.

Part 02 '가정에서의 슬기로운 생활 23가지'에서는 인간에게 가장 소중한 터전인 가정에서 현명하게 살아가는 법을 다루었습니다. 취업한 자녀에게 용돈 받는 방법, 올바른 자녀 교육법, 자녀를 행복한 사람으로 키우는 비결, 존경받는 남편과 아버지가 되는 방법, 아버지에 대한 단상 등이 담겨 있습니다.

Part 03 '일상에서의 슬기로운 생활 27가지'에서는 큰 병을 검사할 때의 요령, 재테크 방법, 적을 만들지 않으며 살기, 생명을 지키는 비상 탈출구, 운동의 중요성, 반려동물이 주는 행복 등을 소개합니다. 노후의 삶의 질을 결정하는, 생활 속 작은 실천의 중요성이 담겨 있습니다.

미국의 유명 극작가 조지 버나드 쇼는 자신의 묘비명에 다음과 같은 문구를 남겼습니다. "우물쭈물하다가 내 이럴 줄 알았지." 이 말은 '당신도 인생을 대충 살다 보면, 결국은 후회하며 억울한 종말을 맞이하게 될 것이다. 그러니 제대로 살아라'라는 의미입니다. 정말 가슴에 와닿는 말입니다. 우리도 더 이상 우물쭈물하지 말고, 정신 바짝 차리고 하루하루 열심히 살아야 합니다.

이 책을 다 읽고 나면, 몇 가지는 꼭 실천에 옮기길 바랍니다. 특히 자녀에게 받는 용돈은 급여 이체를 통해 정기적으로 받는 것을 강력히 추천합니다. 제 경우에는 무조건 아들 편이었던 아내가 처음에 강하게 반대했지만, 8년간 받아 온 용돈이 꾸준히 쌓인 지금은 "당신이 지금껏 한 일 중, 이 일이 제일 잘한 일이다"라고 칭찬합니다.

꼭지별로 맨 마지막에는 각자의 의견이나 계획 등을 적을 수 있게 빈칸을 마련해 두었습니다. 이 책을 읽으며 보람찬 일상생활과 여유로운 노후를 상상하는 시간을 가져보기 바랍니다. 거창한 결심이 필요한 것이 아닙니다. 약간의 용기와 조금의 뻔뻔함, 그리고 적당히 이기적인 마음만 준비해주세요.

　이 책이 사회에 첫발을 내딛는 신입사원을 포함해 현재 사회 곳곳의 여러 업계에서 중추적인 역할을 맡고 있는 직장인들에게 시행착오 없이 삶을 설계할 수 있도록 밝은 빛을 비춰주는 등대가 되어준다면 좋겠습니다. 또한 저와 같은 60대 장년(長年)층이 좀 더 자신에게 이롭고 주체적인 삶을 살아가고, 경제적인 이익을 얻는 데 작게나마 도움이 되기를 바랍니다.

2025년 9월
조정호

목차

프롤로그 보람찬 하루하루가 노후 삶의 질을 결정한다 • 004

Part 01 회사에서의 슬기로운 생활 20가지

01. 장기근속이 정답 • 015
02. 노후 준비는 은퇴 전에 마무리 • 019
03. 자격증 취득은 39세 이전에 • 023
04. 왠지 끌리는 사람이 되자 • 027
05. 정글 같은 직장에서 살아남기 • 032
06. 신입사원이 알아야 할 555 법칙 • 036
07. 기록은 기억을 지배한다 • 040
08. 악당 같은 상사를 만났을 때 • 044
09. 용기의 또 다른 이름, 퍼스트 펭귄 • 048
10. 회사 행사에 가족과 함께하기 • 053
11. 공감의 리더십 • 057
12. 리더에게 필요한 것 • 062
13. 성품이 경쟁력이다 • 066
14. 감정을 다스리는 지혜 • 071
15. 웃음은 행복의 시작 • 075

16. 때로는 다른 사람의 결점을 눈감아주자 • 079

17. 설득의 기술 • 083

18. 기술사·지도사 자격증을 33세에 취득한 비결 • 087

19. 작은 정성이 기적을 만든다 • 091

20. 기본적인 매너의 중요성 • 096

Part 02 가정에서의 슬기로운 생활 23가지

01. 자녀에게 받는 용돈은 급여 이체로 • 103

02. 공부하는 부모가 되자 • 108

03. 아내에게는 무조건 져주자 • 111

04. 대학을 졸업한 자녀는 반드시 독립시키자 • 114

05. 노후에 파산하지 않으려면 • 118

06. 아내는 언제나 아들 편? • 122

07. 행복한 사람이 강한 사람이다 • 126

08. 은퇴를 위한 조용한 준비 • 130

09. 부모와 자식 간의 갈등 • 134

10. 아내는 꽃이고 보물 • 138

11. 아들 친구들과의 특별한 추억 • 142

12. 기 센 엄마의 힘 • 145

13. 중년 남자의 꾀병 • 150

14. 삶을 가볍게 하는 미니멀 라이프 • 154

15. 부모는 어항, 자녀는 물고기 • 159

16. 가장 소중한 선물 • 163

17. 아내에게 칭찬을 아끼지 말자 • 167

18. 부모와 자식은 전생에 원수? • 171

19. 박사 학위의 가치 • 175

20. 부부 싸움 하는 요령 • 179

21. 결혼은 빠를수록 좋다 • 183

22. 동물에게서 배우는 책임감 • 188

23. 아버지라는 이름 • 192

Part 03 일상에서의 슬기로운 생활 27가지

01. 큰 병에 걸렸다면 세 곳에서 확인 • 199

02. 책이 사람을 만든다 • 202

03. 승용차 트렁크의 선물 보따리 • 206

04. 아프면 동네방네 알리자 • 210

05. 적을 만들지 말자 • 214

06. 당신이 만나는 5명이 당신의 미래 • 218

07. 반복되는 작심삼일을 넘어 • 222

08. 분노를 다스리는 지혜 • 226

09. 공인중개사와 좋은 관계 맺기 • 230

10. 아무리 친해도 해서는 안 되는 말 • 234

11. 은퇴 후 돈을 지키는 현명한 방법 • 239

12. 세상에 공짜는 없다 • 243

13. 인생사 새옹지마 • 247

14. 팁은 언제 주는 게 좋은가 • 251

15. 내가 먼저 행복해야 한다 • 254

16. 나를 지키는 작은 습관 • 258

17. 자전거와 킥보드는 헬멧과 함께 • 262

18. 카시트는 행복을 지킨다 • 265

19. 화재 발생 시 대피할 곳 • 269

20. 화재보험과 소화기 • 273

21. 겨울철 캠핑 시 조심할 것 • 276

22. 욕실에 전기 제품을 두지 말자 • 280

23. 영유아 질식사고 예방법과 응급처치 • 283

24. 운동도 정기적금처럼 • 287

25. 불편하고 위험한 상황은 국민신문고에 신고 • 291

26. 반려동물이 주는 행복 • 296

27. 심장이 떨릴 때 떠나자 • 301

에필로그 지금 걷지 않으면 내일은 뛰어야 한다 • 306
참고문헌 • 309
추천사 • 310

Part 01

"
회사에서의
슬기로운 생활
20가지
"

회사에서의
슬기로운 생활
20가지

01 장기근속이 정답

회사에서의 슬기로운 생활 첫 번째는 바로 **장기근속**입니다. 물론 장기근속은 말처럼 쉽지 않습니다. 일단 입사 후 1년간이 무척 힘들고, 3년까지 버티는 것도 힘들다고들 합니다. 하지만 이 시기만 잘 넘기면 장기근속을 할 수 있는 기반이 마련됩니다.

한곳에서 오래 일하면 업무에 대한 전문성과 노하우가 축적되므로, **장기근속은 매우 유리한 선택입니다.** 고용주의 입장에서도 장기근속은 숙련된 노동 인력을 확보한다는 장점이 있습니다. 한 회사에서 오래 근무한 사람은 회사 내에 큰 문제가 생겼을 때 또는 돌발적인 긴급 상황에서 문제를 해결하는 능력과 업무 성과가 뛰어나기 때문입니다.

장기근속을 하면 다음과 같은 장점이 있습니다.

첫째, 자녀의 취업에 매우 유리합니다. 제 아들이 2017년 대기업에 취업할 당시 자기소개서에 "저희 아버지는 두산건설에서 26년간 근무하였으며, 공학박사와 기술사를 취득하고 현재 시공 및 안전 전문가로 활동 중입니다"라고 기재했습니다. 채용 담당자는 이 부분을 보고 서류 전형에서 바로 합격시키지 않았을까요? 실제로 두 아들이 여러 대기업에 입사 지원했을 때, 1차 서류 전형에서 탈락한 적이 단 한 번도 없었습니다.

요즘 대기업에서 입사 후 1년 이내에 퇴사하는 사람은 전체 입사 인원의 30%에 달합니다. 그러나 장기근속하는 부모를 둔 자녀는 첫 직장을 쉽게 그만두지 않습니다. 이는 한 직장에서 성실하게 일하는 부모의 영향을 받기 때문이며, 이 사실을 잘 알고 있는 대기업 채용 담당자들도 이왕이면 장기근속자의 자녀를 우선적으로 뽑고 싶어 합니다.

둘째, 퇴직금 액수가 늘어납니다. 최근 금융권에서는 명예퇴직 신청 시, 근속 연수에 따라 1억~5억 원을 지급하는 사례가 꽤 있습니다. 즉, 오래 근무한 직원에게는 더 많은 혜택이 돌아가는 구조입니다.

셋째, 이직 시 높은 평가를 받을 수 있습니다. 한 회사에서 장기근속한 사람은 충성도와 성실성을 인정받아, 경력직 이직 시 매우 유리합니다. 반대로 이직이 잦은 사람은 재취업에 큰 어려움을 겪습니다. 제가 두산건설에서 채용 담당자로 있던 시절에 경험한 사례입니다. 20년간 13군데 회사에 재직한 A라는 경력자가 있었습니다. 건설 현장 한 군데가 보통 2~3년짜리 프로젝트로 돌아가는데, 그는 단 한 번도 프로젝트를 마무리하지 못했습니다. 심지어 1년에 두 번이나 회사를 옮긴 적도 있었지요. 이런 경우 능력이 아무리 뛰어나도 채용이 어렵습니다.

넷째, 승진 및 다양한 보상을 받는 데 유리합니다. 진급시킬 시기가 비슷한 두 사람이 있을 경우, 최근 입사한 경력자보다 장기근속자를 승진시키는 경향이 높습니다. 또한 많은 기업체가 5년, 10년, 20년 등 근속 연수에 따라 금이나 여행 상품권 등을 제공하여 다양한 보상을 합니다.

필자 역시 장기근속자입니다. 저는 두산건설에서 32년간 근무한 후, 현재 건설 사업 관리 회사인 정림씨엠건축사사무소에서 4년째 근무 중입니다. 두 군데의 회사에서 총 36년간 직장 생활을 이어오고 있으며, 가능하다면 앞으로 14년 더 근무하여 74세까지 50년을 채우고 싶습니다.

회사 생활을 하면서 여러 어려움이 있을지라도, 이를 잘 이겨내고 장기근속을 통해 스스로의 가치를 높이기 바랍니다.

■■ 현재 다니는 회사에서 얼마나 오래 근무했나요?
근무한 기간 중 기억에 남는 일들과 현재 있는 회사에서 앞으로의 계획을 적어보세요.

02 노후 준비는 은퇴 전에 마무리

　　　　　　　　뉴스에서 기업체들이 50~60대 직원들을 대상으로 명예퇴직이나 권고사직을 단행한다는 소식을 종종 접하게 됩니다. 현재 국내 경제가 매우 어려운 상황이고, 건설 경기의 불황도 심각하다고 합니다. 이러한 상황은 대기업의 구조조정으로 이어지고, 곧이어 많은 직장인이 퇴직의 위기에 직면하게 될 것입니다.

　직장인들은 자신이 몸담고 있는 조직이 평생 자신을 지켜줄 것이라 믿는 경향이 있습니다. 그래서인지 정년 이후나 중도 퇴직 같은 미래에 대해서는 깊이 고민하지 않는 경우가 많습니다. 그러나 예기치 않은 순간에 명예퇴직이나 권고사직, 혹은 갑작스러운 퇴직을 맞게 되면, 그제서야 눈물을 흘리게 됩니다. '회사가 잘나갈 때, 내가 미래를 위해 조금이라도 계획을 세우고 준비를 했더라면, 이런 위기 속에서도 의연하게 대처할 수 있었을 텐데…'라는 아쉬움의 눈물이지요.

주변을 보면 다양한 이유로 일찍 퇴직하여 집에서 시간을 보내는 친구들이 많습니다. 특히 고등학교 동기들과 분기마다 모임을 하면 여전히 직장 생활을 하고 있는 사람은 20% 정도에 불과하고, 나머지는 별다른 일 없이 지내고 있다고 합니다.

특히 문과 계열을 전공한 친구들 중 대기업 관리직으로 퇴직한 경우는 재취업이 매우 어렵다고 합니다. 반면 이과 계열, 특히 공대를 졸업한 친구들 대부분은 아직도 직장 생활을 하고 있습니다. 우리나라에서는 여전히 기술자, 즉 엔지니어들이 사회적으로 생명력이 길다는 것을 실감합니다. 하지만 공대 출신 친구들 중에서도 자격증이 전혀 없는 경우에는, 재취업을 시도할 때 어려움을 겪고 있습니다. 문과 출신이라 하더라도 공인중개사나 주택관리사, 노무사, 법무사 등의 자격증을 취득한 친구들은 여전히 활발하게 사회생활을 이어가고 있습니다. 결국 회사에 다니면서 틈틈이 자기 계발을 해온 사람들이 나이가 든 후에도 안정된 일자리를 가질 수밖에 없습니다.

공대를 졸업한 친구들 중 다수는 전공에 맞춰 건축사, 전기기사, 기계기사, 건축시공기술사, 건축구조기술사, 건설안전기술사 등 한두 개의 자격증을 보유하고 있습니다. 이처럼 자격증을 가진 기술직 종사자들은 오랜 기간 직장 생활을 할 수 있습니다. 특히 기술사 등 따기 힘들고 귀한 자격증을 보유한 경우, 회사나 외부 조직에서 더욱 좋은 대우를 받습니다. 그러므로 바쁘고 힘든 직장 생활 속에서도 자기 계발과 공부를 꾸준히 해야 합니다.

앞서 말했듯 대부분의 직장인들이 은퇴 후 가장 후회하는 것은 회사에 다닐 때 여유 시간도 많았는데 공부를 하지 않은 것, 자격증 하나 제대로 따지 않은 것입니다. 지금도 저는 주변 사람들에게 강조합니다. 편안하고 주체적인 노후 생활을 누리기 바란다면 퇴근 후 자기 계발에 힘쓰라고요. 하지만 열 명 중 아홉 명은 이를 실천하지 않습니다.

최근 저희 회사에 다니는 30대 중반의 젊은 직원이 어렵기로 유명한 건설안전기술사 시험에 도전했습니다. 그 직원은 2년간 총 2,000시간을 공부했고, 한 번에 필기와 면접을 모두 통과해 최종 합격했습니다. 당연히 많은 이들의 칭찬과 축하를 받았으며, 현재는 건축사 공부까지 이어가고 있습니다. 정말 멋진 직원입니다.

자기 계발도 해야 하지만 경제적인 부분에 대한 대비도 해야 합니다. 필자는 친하게 지내는 공인중개사의 조언을 받아 남양주에 급매물로 나온 200여 평의 잡종지를 구매해서 주말에는 농사를 지으며 여유로운 생활을 하고 있습니다. 은퇴 전에 여러 가지 준비를 해놓은 덕분에 지금은 마음 편하게 생활하고 있는 것입니다.

■■ 언젠가 다가올 은퇴 이후 노후 시기에 대비해 어떤 준비를 하고 있나요? 계획을 세우고 그 계획을 적어보세요.

03 자격증 취득은 39세 이전에

최근 의학 논문을 보니 인간의 신체는 40대 중반과 60대 초반에 두 번의 급격한 변화를 겪는다고 합니다. 나이는 숫자에 불과하다고 하지만 신체 측면에서는 중년의 시작인 마흔 살이 넘어가면 확실히 급격한 노화를 겪는 것입니다. 신진대사가 조금씩 느려지고 뇌도 중년의 고비를 맞이합니다. 즉 마흔이 되면서부터 뇌는 치매에 걸릴 가능성이 조금씩 높아지는 셈입니다.

그러니 이왕 자격증을 취득하거나 석박사 학위를 받고 싶은 사람은 뇌가 그나마 잘 작동되는 40대 이전에 무조건 공부를 해야 합니다. 머리가 팽팽 잘 돌아가는 39세 이전에 자기 계발과 학업 같은 중요한 일을 마무리해야 한다는 것입니다. 물론 40대 이후에도 자기 계발이나 공부를 할 수도 있지만 40대 이전보다 두세 배 이상 노력을 기울여야 합니다.

필자는 1997년에 33세의 비교적 이른 나이에 건축시공기술사와 건설안전기술사 자격증을 취득했습니다. 두산건설에서 대리로 근무하던 시절이었는데, 회사에서 최연소로 두 가지 기술사 자격을 동시에 보유하게 되어 주변의 부러움을 샀습니다. 산업안전지도사 자격증은 처음 시행된 1996년 12월 시험에서 취득했습니다.

또한 두산건설 서울 본사에 근무하던 2004년에 성동구 H 대학교에서 석사 과정을 마쳤고, 2014년에는 용인 M 대학교에서 안전 분야 박사 학위를 취득했습니다. 지금은 소방기술사 자격증을 따기 위해 3년째 공부하고 있는데 과거 이삼십 대에 건설안전기술사와 건축시공기술사 공부를 할 때보다 확실히 암기력이 확 떨어졌습니다. 한 살이라도 젊을 때 죽기 살기로 공부하고 좋은 결과를 낸 후에 50대, 60대에는 좀 더 여유로운 생활을 하는 것이 좋지 않을까요?

예전에 축구 선수 이영표가 한 말이 생각납니다.
"지금 당장 해야 하는 일과 하고 싶은 일이 있을 때, 대부분의 사람들은 자기가 하고 싶은 일부터 먼저 시작한다. 그러면 그 사람은 나중에 해야 할 일 속에서 살아가야 한다. 그러나 달콤한 유혹을 이겨내고 해야 할 일을 먼저 한 사람은 나중에 자기가 하고 싶은 일을 하면서 편하게 지낼 수 있다."
참 의미심장한 말입니다.

지금 이 글을 읽고 있는 이삼십 대 여러분은 당장 하고 싶은 일을 하고픈 달콤한 유혹에 빠지지 말고, 지금 당장 해야만 하는 일을 찾아 열심히, 3년만 집중해서 몰두하세요. 그러면 그 보상으로 30년 이상, 아니 60년을 행복하게 지낼 수 있습니다.

박사 학위를 받은 필자의 환한 미소

직장을 다니는 사람은 평일 일과 중에는 업무 목표를 촘촘히 세우고, 오전 중에 주어진 업무를 완료한다는 각오로 일에 매진하는 것이 바람직합니다. 퇴근 후에는 쓸데없이 웃고 떠드는 동영상을 보지 말고, 업무 역량을 키울 수 있는 관련 서적을 보거나 업무에 필요한 자격증 공부를 하는 것을 추천합니다. 그리고 주말에는 공부를 하거나 학원에 다니면서 자기 계발에 힘써보세요. 자존감도 올라가고 스스로 자랑스러워질 것입니다.

■■ 현재 어떤 자격증을 보유하고 있나요? 앞으로 취득하고 싶은 자격증이 또 있나요? 있다면 어떤 자격증인지, 자격증을 취득하기 위해 어떻게 공부할 것인지 계획을 적어보세요.

_____
_____
_____
_____
_____
_____
_____
_____
_____
_____
_____
_____
_____
_____
_____
_____
_____

04 왠지 끌리는 사람이 되자

대부분의 사람들은 남 앞에 나서기를 두려워하며, 눈에 띄는 것을 싫어합니다. 성격이 내성적이거나 사람을 대하는 데 서툴러 말을 잘하지 못하는 사람도 많습니다. 반면에 어디를 가든 눈에 띄는 사람들이 있습니다. 그들은 대체로 매우 사교적이고 배짱도 있으며, 항상 웃는 얼굴을 하고 다닙니다. 말솜씨 또한 유창하여 대중을 사로잡는 편이고요. 그런 사람을 보면 누구나 왠지 끌리는 느낌을 받게 됩니다. 그렇다면 어떻게 해야 '왠지 끌리는 사람'이 될 수 있을까요?

첫째, 완벽한 모습보다 빈틈이 있는 모습을 보여주세요. 사람들은 지나치게 완벽해 보이는 사람에게 종종 거리감을 느끼며 그런 사람에게 "재수 없다"라고 얘기하기도 합니다. 너무 잘난 사람을 보면 열등감을 느끼기도 하고, 대하기 어렵다고 느끼기 때문입니다. 반면, 약간씩 실수를 하거나 작은 허점이 있는 사람은 인간적으로 느껴져 더 쉽게 다가갈 수 있습니다. 누군가가 당신에게 다가오길 바란다면, 일부러라도 작은 빈틈을 보여주는 것이 좋습니다.

둘째, 대화의 시작은 '칭찬'이 좋습니다. 사람은 누구나 자신을 칭찬해주는 사람에게 호감을 느낍니다. 처음 보는 사람에게 "오늘 구두가 참 멋지네요", "스카프가 정말 잘 어울려요" 같은 말을 한마디 던진다고 해봅시다. 아무것도 아닌 그 말 한마디가 마음의 벽을 허물고 친근하게 대화를 이어가게 하는 열쇠가 될 수도 있습니다.

이런 일이 있었습니다. 고집이 세고 자기주장이 강한 어떤 사람이 자신의 대저택을 리모델링하는 공사를 벌였습니다. 몇몇 건축업자들이 공사를 맡았지만, 집주인의 잦은 간섭과 잔소리로 인해 번번이 쫓겨났습니다. 그런데 마지막으로 공사를 맡은 시공업자가 무려 6개월에 걸친 공사를 무사히 마무리했습니다.

그 비결은 무엇이었을까요? 공사 수주를 위해 대저택을 찾았을 때, 시공업자는 그 집에 사는 멋진 달마시안 강아지를 발견했습니다. 그는 곧바로 집주인에게 강아지를 칭찬하는 말을 건넸습니다.

"이 달마시안 정말 멋집니다. 제가 본 강아지 중 가장 품격 있고, 훌륭한 강아지네요. 몇 살인가요? 어떻게 이렇게 잘 키우셨나요?"

그 말을 들은 집주인은 즉시 기분이 좋아졌고, 강아지에 대한 이야기를 두 시간 넘게 쏟아냈습니다.

사실 그 시공업자는 강아지에 대해 잘 몰랐습니다. 그런데 집주인에게 찾아갔을 때 그가 키우는 강아지를 보고, 강아지를 주제로 대화를 시작하기 위해 곧바로 인터넷 검색을 통해 필요한 정보를 파악한 것입니다. 그는 '상대가 좋아하는 주제'를 중심으로 대화를 이끌었고, 결국 집주인의 마음을 얻는 데 성공했습니다. 그 결과, 공사 전반을 전적으로 위임받아 완벽히 마무리할 수 있었던 것이지요.

셋째, 항상 웃는 얼굴을 유지하세요. 첫인상을 좋게 만드는 데 웃는 얼굴만큼 효과적인 것도 없습니다. 또한, 옷차림에도 신경을 써야 합니다. "신은 사람의 마음을 먼저 보지만, 사람은 겉모습을 먼저 본다"라는 말처럼, 옷차림 하나하나조차 상대방에게 또렷하게 각인될 수 있습니다. 옷가지는 품격 있는 것으로 갖추고, 특히 구두는 항상 윤이 나게 관리하세요.

단정한 셔츠와 재킷 대신 현란한 색깔의 등산복을 입고 강의하는 대학 교수를 상상해보십시오. 학생들은 자기도 모르게 그 교수의 강의 내용을 신뢰하기 어렵다고 느낄 수도 있습니다.

넷째, 공통점을 찾으세요. 사람은 자기와 비슷한 사람에게 정이 갑니다. 공통점이 있는 상대와는 대화가 더 오래 이어지며, 신뢰도 빠르게 쌓입니다. 우리 사회는 학연, 지연, 혈연 등 인맥 중심의 문화가 강한 편입니다. 따라서 대화를 시작할 때 상대방과의 공통점을 빨리 파악해, 대화를 주도적으로 이끌어나가는 것이 중요합니다.

기술과 태도에 작은 변화를 주는 것만으로도 사람을 끌어당기는 힘이 생깁니다.

누구나 조금만 노력하면 '왠지 끌리는 사람'이 될 수 있습니다. 생활 속에서 작은 것부터 바꾸어보세요.

회사에서 당신은 다른 사람이 보기에 어떤 사람으로 비칠 거라고 생각되나요? '왠지 끌리는 사람'이 되고 싶지 않나요? 그런 사람이 되기 위한 계획을 세우고, 그 계획을 적어보세요.

05
정글 같은 직장에서
살아남기

회사는 마치 정글과도 같습니다. 약육강식과 적자생존이 지배하는 정글처럼, 조직 사회에서도 결국 강한 자만이 살아남습니다. 실력이 없거나 만만해 보이는 사람은 곧 타깃이 되어 '호구'로 찍히고 맙니다. 따라서 우리는 자신만의 생존 전략과 구체적인 전술을 반드시 갖춰야 합니다. 회사에서 살아남기 위해서는 몇 가지 노력이 필요합니다. 조직에서 가장 중요한 가치는 '성과 창출'이라고 할 수 있는데요. 좋은 성과를 내기 위해서는 다음과 같은 실천이 뒤따라야 합니다.

첫째, 성과를 내기 위해 시간 관리와 자기 통제를 철저히 해야 합니다. 중요한 일과 그렇지 않은 일, 급한 일과 그렇지 않은 일을 구분해서 관리하는 능력이 중요합니다. 급한 일은 우선적으로 처리하고, 중요한 일은 매일 조금씩 진행해 반드시 마감 기한 내에 마무리해야 합니다.

둘째, 성과가 잘 나지 않을 경우, 자신이 맡은 업무에 대해 철저히 분석해야 합니다. 목표 설정과 추진 방식에 실수는 없었는지, 언제 오류가 발생했는지, 데이터는 정확했는지, 객관적인 검토가 이루어졌는지 등을 다각도로 점검해야 합니다. 전문가의 조언이나 피드백을 받는 것도 큰 도움이 됩니다.

셋째, 매년 연말에는 자기반성을 해야 합니다. 1년 동안의 주요 성과는 무엇이었는지, 개선할 사항은 무엇인지, 다음 해에 새로운 목표를 세울지 등을 파악합니다. 이때는 선배뿐만 아니라 후배의 조언에도 귀 기울여야 합니다. 자신의 단점에 대해 부끄러워하지 않고, 다른 사람의 도움을 기꺼이 받아들여야 성장할 수 있습니다. 저는 현장을 점검하고 교육하는 업무를 하다가 목소리 톤이 크고 말이 빠르다는 동료의 조언을 들은 적이 있습니다. 사람들이 알아듣기 편하게 말하지 못하고 있었던 것이죠. 조언을 들은 뒤로는 개선하고자 조금씩 노력하고 있습니다.

넷째, 자신만이 해낼 수 있는 전문적이고 차별화된 업무 스킬을 만들어야 합니다. 골고루 일을 잘하는 것도 좋지만 조직 내에서 특정 분야의 전문가로 인정받는 것이 중요합니다. 어떤 특정한 분야에서 '이 사람만큼은 믿을 수 있다'라는 신뢰를 얻는다면, 조직에서 오래 살아남을 수 있습니다.

다섯째, 다른 사람의 말을 경청해야 합니다. 자기 생각만 고집해서 다른 사람과 소통하기 어려운 사람은 조직 내에서 적을 만들 수 있습니다. 다른 사람과 생각이 달라서 부딪힐 때는 즉각적으로 반박하기보다는 그 사람의 말을 잘 들어보고, 그 말이 어떤지 판단해보고 그 결과를 전달하세요. 시간을 두고 간접적이고 유연한 방식으로 자기 의견을 전달하는 것이 좋습니다.

여섯째, 모르는 것은 상대방의 직위 고하를 불문하고 반드시 물어봐야 합니다. 배우지 않으면 평생 모를 수밖에 없습니다. 상사에게 자주 조언을 구하는 것은 능력뿐 아니라 신뢰를 쌓는 데도 도움이 됩니다. 만약 하급자에게 물어볼 일이 생긴다고 해도 마찬가지입니다. 배우는 것을 부끄럽게 생각할 필요는 없습니다. '할아버지도 손주에게 배울 것이 있다'라는 속담처럼, 배우는 데는 나이도 지위도 장애물도 없습니다.

마지막으로, 주어진 업무는 반드시 정해진 기한 내에 마무리해야 합니다. 진행 상황에 대해 중간보고를 하는 것도 중요합니다. 아무리 완성도가 높아도 기한을 넘기면 무용지물이 되기 쉽습니다. 완벽하게 완성하지 못했다 하더라도 정해진 기한 내에 끝내는 것이 훨씬 좋은 평가를 받을 수 있습니다.

■■ 경쟁이 치열한 조직 내에서 빛나는 당신만의 장점이 있나요? 있다면 어떤 장점인지 한번 적어보세요.

06
신입사원이 알아야 할
555 법칙

신입사원이 앞으로 회사 생활을 잘하기 위해 반드시 실천해야 할 것이 있습니다. 바로 '**555 법칙**'입니다. 저는 이 법칙을 신입사원과 건설업계 후배들에게 강조하곤 합니다.

첫 번째 5는 입사 후 5년까지의 시기입니다. 처음 5년 동안은 회사의 다양한 업무를 성실히 수행해야 합니다. 그리고 자신만의 전문 분야 하나쯤은 인정받을 수 있도록 집중하여 실력을 키워야 합니다. 신입사원이라면 특히 **근면, 성실, 긍정적인 태도**가 기본입니다. 출근 시간에 딱 맞춰 오는 사람보다 조금 일찍 출근해 차분히 일과를 시작하는 사람이 더 좋은 인상을 줍니다. 또 누구에게나 밝은 미소로 인사를 건네는 태도가 중요합니다. 작은 습관이 당신을 신뢰가 가는 사람으로 만들어줍니다.

두 번째 5는 입사 6~10년 차 시기입니다. 이 시기는 **자기 계발에 집중**해야 할 시기입니다. 업무 관련 기사 자격증도 찾아보고, 기술사 자격증을 취득하는 것은 물론, 해외 사업을 염두에 둔다면 어학 능력도 꾸준히 길러야 합니다. 입사 후 5년이 지나면 업무에 익숙해지고, 긴장도 풀리면서 나태해지기 쉽습니다. 무계획으로 흘려보낸 시간이 쌓이다 보면, 어느새 몇 년이 훌쩍 지나가고 말죠. 이 시기에는 대리나 과장으로 승진하는 경우가 많고, 나이도 30대 초반으로 자기 계발을 시작하기에 가장 적합한 시기입니다. 요즘은 주말 강의나 온라인 과정을 통해 자격증을 준비하기도 편리합니다. 실제로 제 주변의 젊은 건축직 직원이 2년간 하루 평균 4시간씩 꾸준히 공부한 결과, 한 번에 건설안전기술사 자격증을 취득해 동료들로부터 큰 부러움을 샀습니다. 하루하루를 의미 있게 보내야 후회가 남지 않습니다.

세 번째 5는 입사 11~15년 차 시기입니다. 이 시기는 **야간 대학원에 진학하거나 석·박사 학위를 준비**할 시기입니다. 실제로 많은 지인들이 박사 과정을 밟으며 꾸준히 자신만의 전문성과 실력을 쌓고 있습니다. 최근에는 4년 과정의 석·박사 통합 과정을 운영하는 대학도 많아졌습니다. 명함에 '박사'나 '기술사' 자격이 있다고 적혀 있으면, 명함을 받아 든 상대방은 자연스레 신뢰감을 느끼게 됩니다. 이처럼 학위나 자격증이 있다는 사실만으로 직업적 전문성을 쉽게 증명할 수 있습니다.

이처럼 시기에 맞게 **입사 후 15년간 꾸준히 자기 계발**을 해나간다면 정년퇴직할 때까지 회사에서 인정받고, 자신의 능력을 충분히 발휘할 수 있습니다. 저 역시 1989년 7월, 두산건설에 건축직으로 입사하여 공사 관리와 안전 관리 업무를 5년간 수행했고, 1997년에는 건축시공기술사, 1998년에는 건설안전기술사 자격증을 취득했습니다. 그리고 2014년 2월에는 안전경영공학 박사 학위를 받았습니다. 이 모든 성과는 입사 초기부터 단기·중기·장기 목표를 세우고, 포기하지 않고 계획을 실천한 결과입니다.

이 글을 읽는 신입사원과 건설업계 후배 여러분, **555 법칙**을 실천해 보십시오. 그리고 회사에서 인정받고, 스스로도 자부심을 느낄 수 있는 멋진 전문가로 성장하길 바랍니다.

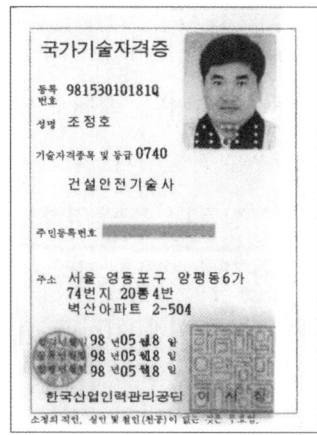

회사에 근무하며 취득한 건설안전기술사, 건축시공기술사 자격증

■■ 당신은 앞에 소개된 세 시기 중 어느 시기에 속해 있나요? 555 법칙에 따라 계획을 세워본 적이 있나요?
시기별로 성취하고 싶은 목표가 있다면, 계획을 세워서 아래에 적어보세요.

_____
_____
_____
_____

_____
_____
_____
_____
_____
_____
_____
_____
_____

07
기록은
기억을 지배한다

우리가 흔히 알고 있는 '적자생존(適者生存)'은 찰스 다윈이 주장한 개념으로, 환경에 가장 잘 적응한 종이 살아남는다는 의미를 담고 있습니다. 하지만 오늘날의 사회에서는 이 말이 이렇게 해석되기도 합니다. '적는 자만이 살아남는다.'

즉, **기록하고 메모하는 사람이 결국 살아남는 시대**라는 뜻입니다. 잘 기록하는 능력은 정보가 넘쳐나는 요즘 시대에 곧 생존 능력이고 경쟁력입니다.

예를 들어, 우리가 강의를 들을 때 귀로 듣는 데 그치지 않고 **손으로 메모를 하면 기억이 훨씬 오래가고, 내용도 깊이 이해할 수 있습니다.** 저는 직장 생활을 할 때, 상급자의 호출을 받으면 반드시 노트를 들고 갔습니다. 지시 사항을 항목별로 빠짐없이 메모한 후, "○○ 이슈에 대해 몇 월 며칠까지 조사하겠습니다"라고 최종 확인을 하면 상급자도 업무에 대해 다시 정리할 수 있고, 업무 방향이 명확해졌습니다. 지시 사항은 보통 상사의 입에서 여러 가지가 한꺼번에 나오기 때문에 메모 없이 기억에만 의존하면 무언가 빠뜨리기 쉽습니다. 메모는 실수를 줄이고, 확실하게 일을 처리하는 지름길입니다.

MZ 세대는 **디지털 기기 사용에는 익숙하지만, 손으로 메모하는 데에는 익숙하지 않은 경우가** 많습니다. 하지만 메모를 잘하는 것은 회사 생활을 하는 데 경쟁력이 됩니다. 메모는 단순한 기록을 넘어 **생각을 정리하고, 깊이 있게 만드는 도구**가 될 수 있기 때문입니다.

그래서 필자는 어디서든 메모할 수 있는 환경을 만들어둡니다. 침대 머리맡, 화장실 책꽂이, 출근 가방 안에도 메모지가 있고, 매년 365일 기록 가능한 작은 수첩을 구매해 중요한 사건이나 추억거리, 새로운 아이디어 등을 매일 적습니다. 이렇게 기록하다 보면 삶이 계획대로 진행되고 있다는 만족감도 느껴집니다. 지금 제 수첩에는 많은 것들이 적혀 있지만, 그중에서도 특별한 것은 2025년에 달성할 목표 세 가지입니다. 아내와 함께 서유럽 여행 가기, 책 출간, 매일 블로그에 글 쓰기가 그것입니다. 5년, 10년 후에는 가족과 함께 미국 동부 및 남미 여행을 떠나겠다는 계획도 기록되어 있습니다. 저는 매일 수첩 속의 목표를 확인하면서 열심히 살아갈 동기를 얻고, 새로운 목표를 세우고 실행할 에너지도 얻습니다.

약 200년 전, 괴테는 이탈리아 로마로 떠난 여행길에서 매일 일기를 썼습니다. 그 기록들은 지금까지도 귀한 여행기로 남아 있습니다. 메모의 중요성을 알 수 있는 대목이지요. 저도 집에서 TV를 보다 기록하고 싶은 내용이 담긴 장면이 나오면 핸드폰으로 찍거나, 소파 옆 메모지에 바로 적습니다. 아내는 이런 저의 습관을 유별나다고 놀리지만, 기죽지 않고 계속합니다. 그렇게 모은 보석 같은 메모와 사진들이 지금 이 책을 출간하는 데 소중한 밑거름이 되었습니다. 인간의 기억은 3일이 지나면 보고 들은 것의 2/3를 잊는다고 합니다. 결국, 기록이 **기억을 지배합니다**. 여러분도 지금부터 꾸준히 기록해보시길 바랍니다. 그것이 삶의 방향을 바꾸는 힘이 될 수 있습니다.

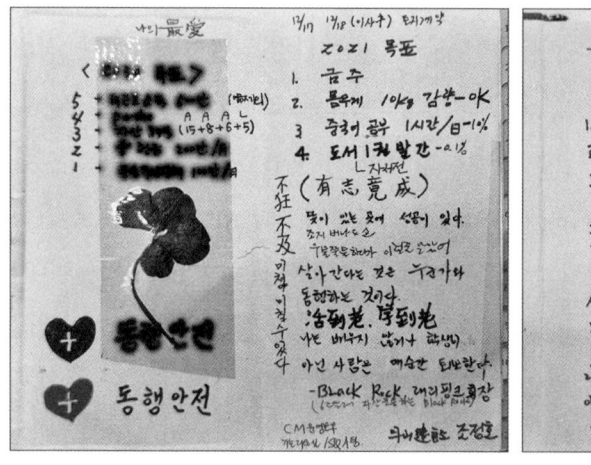
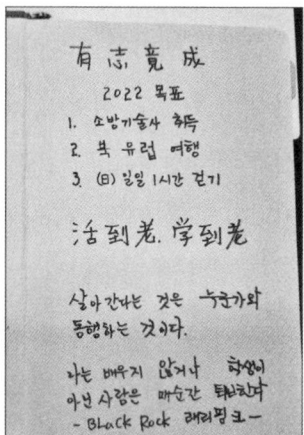

매년 달성할 목표를 적은 메모

■■ 평소에 꾸준히 기록을 해둠으로써 업무를 효율적으로 수행한 적이 있나요? 있다면 그 경험에 대해 적어보세요.

# 08
악당 같은 상사를 만났을 때

조직 생활을 하다 보면 운이 좋게도 인품이 좋은 상사를 만나, 하루하루 즐겁게 일할 수 있는 경우가 있습니다. 그러나 성격이 좋지 않은 상사를 만나면 매일이 고통스럽고, 회사 생활 자체가 고역이 되어버립니다. 나를 힘들게 하는 상사를 만났을 때, 어떻게 대처해야 살아남을 수 있을지를 두 가지 사례를 들어 이야기해보겠습니다.

이금희 아나운서가 방송국에 다닐 때 매우 깐깐한 상사로 인해 마음고생이 컸다고 합니다. 그만둬야 하나 말아야 하나 고민하던 그때, 지인의 조언 - "언젠가는 헤어지게 되어 있으니 조금만 참고 견뎌라" - 을 마음에 새기고, 다시 용기를 내 방송국 생활을 이어갈 수 있었다고 합니다. 그녀는 TV 토크쇼에 출연해 다음과 같이 말하기도 했지요. "너무 힘들어 사표를 내고 싶은 상황이라면 차분히 생각해본다. 우리가 차를 몰다 신호에 걸리면 차를 잠시 멈춘다. 곧 신호가 바뀌면 아무 일 없었던 듯 서로 주어진 길로 흩어지듯, 그 상사와 나도 언젠가는 헤어지게 될 것이다. 그가 먼저 다른 부서로 갈지, 내가 옮기게 될지 아무도 모른다. 결코 영원한 관계는 없다." 이제 막 사회생활을 시작한 신입사원이든 중간 직책에 있는 사람이든 상사를 모시고 일을 하는 이들이 가슴 깊이 새길 만한 말이 아닐까 싶습니다.

필자 역시 비슷한 경험이 있습니다. 두산건설 본사에서 건설안전 담당 대리로 근무할 당시, 제가 속한 부서의 팀장은 깐깐하기로 유명한 사람이었습니다. 그 팀장과 함께 일했던 여러 직원 중 일부는 사직서를 제출했고, 어떤 이는 발령받자마자 다른 부서로 옮겨버리기도 했습니다. 그만큼 함께 근무하기 어려운 사람이었습니다.

하지만 선배들의 조언을 통해 그 상사를 극복했고, 오히려 그 상사로부터 칭찬받은 유일한 직원이 될 수 있었습니다. "좋은 상사든, 악질 상사든 그 사람이 싫어하는 행동은 절대 하지 말고, 그 사람이 좋아하는 방식으로 일해라. 그러면 빨리 인정받을 수 있다." 제가 들은 조언은 무척 단순했지만 정답 그 자체였습니다.

그 팀장은 정부 기관 출신으로, 노동·산재 관련 법률에 해박한 사람이었습니다. 법과 원칙을 중시했으며, 회의 때는 반드시 법적 근거와 판례를 제시해야 논의가 진행될 정도였습니다. 하지만 대부분의 직원들이 이 부분을 잘 준비하지 못해, 회의 때마다 질타를 당하는 일이 잦았습니다.

필자는 상황을 정확히 파악하고, 적극적으로 움직였습니다. 매일 1시간씩 일찍 출근하고, 퇴근 후 2시간씩 공부를 하였습니다. 그렇게 하루에 3시간씩 안전관리 부서에 적용되는 산업안전보건법 등 4가지 종류의 법에 대해 법전을 가지고 모두 공부했습니다. 약 5개월간의 노력 끝에 법 조항과 판례가 어느 정도 머릿속에 정리되었고, 주간 회의에서도 즉석에서 법적 근거를 제시하며 팀장의 질문에 답할 수 있게 되었습니다.

그 결과 팀장의 신뢰와 인정을 받게 되었고, 1년 후에는 오히려 제가 그 팀장보다 법을 더 잘 안다는 평가를 받았습니다. 그리고 팀장의 강력한 추천을 받아 두산그룹 안전 분야 대표로 선발되어 15일간 일본 연수에도 다녀올 수 있었습니다.

아무리 나쁘고 나와 잘 맞지 않는 상사라도 그 사람과의 관계는 영원하지 않습니다. 그렇다면 때로는 피하지 말고 아예 정면으로 돌파하는 전략이 더 큰 기회를 가져다주기도 합니다. 이금희 아나운서처럼 시간이 해결해줄 거라는 여유 있는 마음가짐을 갖는 것도 방법입니다. 또한 업무적으로 철저히 준비하고 대응해서 좋은 인상을 주고, 기회를 만드는 적극성을 띠는 것도 방법입니다.

혹시 지금 여러분을 힘들게 하는 상사와 일하는 분이 계신가요? 각자의 처지에 맞게, 지금 마주한 상황에 지혜롭게 대처하길 바랍니다.

■ 같이 일하기 힘들었던 상사가 있나요? 그 상사 때문에 힘든 시간을 보냈지만 시간이 지나 관계가 좀 편안해졌던 경험이 있나요? 있다면 그 경험을 떠올려 적어보세요.

09

용기의 또 다른 이름,
퍼스트 펭귄

펭귄들은 먹이를 찾기 위해 바닷가에 모여듭니다. 하지만 바닷속에 어떤 위험이 도사리고 있을지 몰라 선뜻 나서지 못합니다. 운이 나쁘면, 가장 먼저 뛰어든 펭귄은 상위 포식자인 바다표범에게 잡아먹히는 희생양이 되기 때문입니다. 그러다 펭귄 무리 중 한 마리가 용감하게 바다로 뛰어들면, 뒤따라 다른 펭귄들도 모두 바다로 향합니다. '퍼스트 펭귄'은 이처럼 두려움과 공포를 이겨내고 가장 먼저 새로운 일에 도전하며 변화를 이끄는 사람을 뜻합니다.

퍼스트 펭귄은 도전과 용기의 상징입니다. 퍼스트 펭귄 정신을 가지고 있는 인물 중 우리가 알 만한 유명한 사람으로는 전기차 시장을 개척한 테슬라의 CEO 일론 머스크, 국내에서는 '요기요'나 '배달의 민족' 같은 스타트업 창업자들을 들 수 있겠습니다.

경상남도 거창고등학교에는 '직업 선택 10계명'이란 것이 있습니다.

1. 월급이 적은 쪽을 택하라.
2. 내가 원하는 곳이 아니라 나를 필요로 하는 곳을 택하라.
3. 승진의 기회가 거의 없는 곳을 택하라.
4. 모든 조건이 갖추어진 곳을 피하고, 황무지를 택하라.
5. 앞을 다투어 모여드는 곳은 절대 가지 마라.
6. 장래성이 없다고 여겨지는 곳으로 가라.
7. 사회적 존경을 받을 수 없는 곳으로 가라.
8. 한가운데가 아니라 가장자리로 가라.
9. 가족이 반대하는 곳이라면 틀림없다. 의심하지 말고 가라.
10. 왕관이 아니라 단두대가 기다리는 곳으로 가라.

이 10계명은 거창고등학교 설립자이자 봉사 정신과 희생정신을 실천한 **전영창 선생님**이 40여 년 전 만든 것으로, 일반적인 성공의 길과는 거리가 멉니다. 남들이 많이 가는 길, 가고 싶어 하는 길과는 정확히 반대 방향을 가라고 하고 있지요. 저는 십계명 중 다섯 번째 항목인 '앞을 다투어 모여드는 곳은 절대 가지 마라'를 가장 좋아합니다. 남들이 하고 싶어 하는 일보다 의미 있다고 생각하는 일에 뛰어드는 성향 탓인지도 모르겠습니다.

퍼스트 펭귄 도전기

필자는 1989년 두산건설에 건축직으로 입사한 후, 5년간 시공 업무를 경험하고 난 뒤 남들과는 다른 선택을 했습니다. 많은 이들이 선망하는 **건축소장의 길 대신, 당시 비인기 분야였던 안전 관리의 길을 걷기로** 결심했습니다.

물론 주변에서는 우려의 시선이 많았습니다. "지금 그 분야로 가면 나중에 후회할 텐데, 다시 시공으로 돌아가라"라는 조언도 많이 들었습니다. 당시만 해도 안전 관리는 전문가가 아니라도 할 수 있는 분야로 인식되던 시절이었습니다.

우리나라에서는 매년 약 400여 명의 근로자가 건설 현장에서 사망합니다. 저는 퍼스트 펭귄의 정신으로 아무도 가려 하지 않던 분야에 도전했고, 11년간 안전 관리 분야에서 안전팀장으로 근무했습니다. '나부터, 지금부터, 여기부터'라는 사내 안전 캠페인을 만들었고, 회사가 대한민국 안전대상, 전기안전대상, 안전문화대상 등을 수상하는 데도 기여했습니다. 건축 전공자이지만 안전 업무에서도 능력을 인정받아 2014년에는 월계동 재개발 현장 소장, 이어서 2017년에는 신정동 1-1구역 재개발 현장 소장으로 근무했습니다. 이 모든 성과들을 낼 수 있었던 것은 제가 **남들이 꺼리는 길을 주저 없이 걸었기 때문이라고** 생각합니다.

우리 모두 퍼스트 펭귄이 되자

퍼스트 펭귄은 늘 위험을 감수해야 합니다. 하지만 위험보다는 가능성을 믿고 뛰어드는 **용기와 선구안이 무리를 이끄는 힘**이 됩니다. 저는 남들이 선호하지 않던 안전 관리를 제대로 해보고 싶다는 마음으로 진로를 선택함으로써 회사와 사회에 기여할 수 있었고, 익숙한 곳에 안주하기보다는 새로운 분야를 개척한다는 마음으로 일하면서 스스로에게 부끄럽지 않은 선택을 했다는 자부심을 느꼈습니다. **누군가는 먼저 시작해야 합니다. 성공한다는 보장이 없더라도 일단 뛰어드는 용기가 세상을 조금 더 나아지게 만들지 않을까요?** 여러분도 지금 자신의 삶에서 어떤 바닷가 앞에 서 있는 것은 아닐까요?

현장에서 안전팀장으로서 안전체조를 주관하는 모습

■■ 이제껏 살면서 용기를 갖고 무언가에 도전해본 적이 있나요? 그런 적이 있었다면 그 경험을 떠올려 적어보세요.

10
회사 행사에 가족과 함께하기

대기업에서는 종종 '패밀리 데이'나 '가족과 함께하는 일일 체험' 등의 행사를 개최합니다. 임직원의 자녀들이 부모의 일터를 직접 방문해 어떤 일을 하는지 간접적으로 체험하는 시간이지요. 부모와 함께 출근한 자녀들은 사무실, 회의실, 작업 현장 등을 둘러보며 부모가 일하는 모습을 직접 눈에 담습니다. 여름철에 건설 현장이나 조선소처럼 야외 환경에서 땀 흘리며 용접을 하는 직원의 가족들은 종종 눈물을 흘리곤 합니다. '아, 우리 아버지가 이렇게 힘든 일을 하시는구나', '우리 남편이 이렇게 고생을 하고 있었구나' 하고 감격에 겨워하는 것이지요. **그들은 그런 자리를 통해 아버지를, 남편을 더욱 깊이 존경하게 됩니다.** 특히 어린 자녀가 있는 부모라면, 회사에서 주최하는 행사에 가급적 가족 단위로 참여하는 것을 추천합니다. 조금은 귀찮고, 조금은 번거롭더라도 등산 대회나 회식 자리 같은 행사에 함께 참여하면 아이들과 함께 많은 것을 배우고 느낄 수 있습니다.

필자는 두산건설 본사 안전팀장으로 재직하면서 회사 내 산악회 회장과 100대 건설사 안전팀장 모임인 CSMC의 회장을 맡은 바 있습니다. 그 당시 분기 또는 반기마다 등산 대회와 단체 회식을 진행했는데, 대학에 다니던 두 아들을 행사에 초대하곤 했습니다. 처음에 아이들은 '바쁘다', '부담스럽다'라는 이유로 참석을 꺼렸습니다. 하지만 한두 번 참여한 후부터는 자발적으로 참석해 많은 시간을 함께 보내게 되었습니다. 물론 저도 즐거웠지만 아이들 입장에서는 기업체의 분위기를 미리 체험하고, 다양한 연령대의 사회인들과 교류하면서 사회성도 자연스럽게 키워나간, 장점이 많은 시간이었습니다.

아이들이 대학에 다닐 때 회사 직원들과 함께 식사하고 회식 자리에 함께했던 것도 그들이 훗날 직장 생활에 적응하는 데 큰 도움이 되었습니다. 회사 사람들과 회식을 하는 것은 단지 모여서 음식을 먹는 것이 아니라 '업무의 연장'입니다. 그 자리에서 아이들은 열심히 일하는 아버지의 모습을 보며 사회생활 감각을 익혔습니다. 팀워크, 조직의 분위기, 조직 내에서의 배려와 예절 등에 대해 구체적으로 느끼고 자연스럽게 배웠던 셈이지요.

CSMC의 연례 산행에 아이들이 함께했을 때, 다른 회사 직원분들이 아이들에게 용돈을 주는 일이 종종 있었습니다. '이런 모임에 참석한 것이 기특하다'라며 칭찬과 격려의 의미로 건네주신 돈이었습니다. 사실 아이들에게는 용돈보다도 **아버지를 한층 더 존경하게 되고, 사회생활을 미리 경험할 수 있는 기회를 얻은 것이 훨씬 더 값진 자산이 되었으**

리라 생각합니다.

이런 경험들 덕분인지 제 두 아들은 사회 초년생이 되었을 때 회사 조직 문화에 빠르게 적응할 수 있었습니다. 그때 **함께했던 모임과 회식 자리, 산행 분위기가 그들에게는 사회생활에 대한 예습이 되었던 셈입니다.**

아이들에게는 책으로 가르칠 수 없는 것들이 있습니다. 사회생활을 하는 데 있어서 꼭 필요한 사회성, 예절, 존중, 배려 등은 직접 보고 듣고 느껴야 배울 수 있는 것들입니다. 부모의 삶을 가까이에서 지켜보고, 함께 체험하며 얻은 기억은 훗날 아이들이 **더 좋은 사회인으로 성장하는 데 큰 밑거름**이 됩니다. 조금 번거롭더라도, 자녀들과 함께 회사 행사에 참여해보십시오. 언젠가 아이들이 고마워할, 평생 잊지 못할 수업이 될 것입니다.

두 아들이 두산 산우회와 동강 래프팅을 함께한 모습

■■ 가족과 함께 회사 행사에 참여했을 때, 앞에 소개된 장점 외에 또 다른 장점이 있을까요? 있다면 어떤 점인지 적어보세요.

11
공감의 리더십

최근에 인문 교양 유튜브 채널을 통해 이화여대 최재천 석좌교수의 강연을 접하게 되었습니다. 제목은 "나이에 상관없이 말하는 것보다 옆 사람 얘기를 듣는 것이 중요." 저는 이 명강연을 무려 10번이나 반복해서 보았습니다. 들을수록 새롭게 다가오고, 리더로서 마음에 꼭 새겨야 할 내용이 많았기 때문입니다.

최재천 교수는 과거에 갑작스럽게 아주 외진 곳에 있는 국립생태원 원장으로 발령받았다고 합니다. 아무런 준비 없이 그 자리를 맡으며 장관에게 '연간 30만 명 관람객 유치'라는 과제를 부여받았다고 하지요. 그는 처음엔 어떻게 해야 할지 막막했지만 기발한 아이디어들을 총동원해 결국 매년 100만 명 관람이라는 놀라운 성과를 이뤄냈습니다. 길지 않은 기간 동안 국립생태원을 가장 성공적인 공공 기관으로 키워낸 것입니다.

이 강연에서 제가 얻을 수 있는 핵심 교훈은 이것이었습니다.

"준비되지 않은 사람도 몇 가지 핵심만 잘 챙기면 충분히 성공할 수 있다." 그리고 리더는 아랫사람들에게 지시하고, 그들을 감시하는 존재가 아니라, 그들과 함께 일하고 함께 성장하는 존재여야 한다는 점입니다. 최악의 리더는 "나를 따르라"라고 하며 군림하려는 사람입니다. MZ 세대가 바라는 리더는 **같이 웃고 울며, 팀원과 어깨를 나란히 하는 사람**입니다. 즉, 팀의 일원이 되어 팀원 모두와 함께하는 리더 말입니다.

최재천 교수는 '원격 바'라는 독특한 소통 공간을 운영했다고 합니다. 이 원격 바는 레이저로 술을 마시는 바가 아닙니다. 격주 수요일마다 부서별로 한 사람씩 초대해, 고기를 직접 구워주는 바비큐 파티를 연 것이죠. 그 파티는 부서가 달라서 잘 알지 못하고 낯선 사람들끼리도 어울릴 수 있도록 자연스럽게 대화를 유도하는 자리였다고 합니다. 직원들과의 거리감을 줄이고, 조직 전체의 팀워크를 강화하기 위한 섬세한 배려가 돋보이는 아이디어였지요.

필자도 두산건설의 1,500세대 아파트 현장소장으로 근무하던 시절, 비슷한 목적을 갖고 노력을 기울인 적이 있습니다. 특별한 사정이 없는 한 총 38명의 현장 직원들과 매달 한 번씩 전체 회식 겸 단합대회를 열었습니다. 회식 날짜는 한 달 전에 미리 공지하고, 생일 축하 행사도 했습니다. 그렇게 36개월 동안 울고 웃으며 동고동락하다 보니 직원들과 정이 많이 들었습니다.

11월 배추데이 기념행사

저는 퇴직 후에도 매년 한두 번은 남양주 수동 텃밭에서 '5월 상추 데이'와 '11월 배추 데이'를 열고 있습니다. 정성껏 키운 농작물을 직원들이 수확해 마음껏 가져갈 수 있도록 한 자리입니다. 특히 '배추 데이'는 직원들이 손꼽아 기다리는 행사입니다. 싱싱하게 잘 자란 배추를 쌀 포대에 담아가는 그들의 모습은 보기만 해도 흐뭇하고 보람을 느끼게 합니다.

배추를 수확하는 직원 자녀들

이 텃밭 행사에는 직원들의 자녀들도 함께합니다. 아이들은 직접 배추를 뽑으며 농사를 체험합니다. 아이들이 흙을 만지고 수확의 기쁨을 느끼는 모습을 보면 큰 보람을 느낍니다. 아이들은 매번 다음에 또 오고 싶다며 즐거워합니다.

리더십은 말을 많이 하는 것보다 **경청**을 하는 데서, 지시를 하기보다 **공감**하는 데서, 감시를 하기보다 **신뢰를 하는 데**서 출발해야 합니다. 함께 땀 흘리고, 웃고, 기쁨을 나눌 수 있게끔 하는 것이야말로 진정한 리더십 아닐까요?

■■ 사회생활을 하면서 다른 사람에게 내 마음을 공감받거나 내가 다른 사람의 마음에 공감을 했던 일 중 인상적인 경험이 있나요? 그 경험을 적어보세요.

12
리더에게 필요한 것

　　　　　　　　　　　MZ세대의 특징이라고 하면 어떤 것이 떠오르시나요? '개인주의적이다', '무슨 일이 있어도 정시 퇴근을 하려고 한다', '인내심이 부족하다', '사람 사이의 끈끈한 정이 없다' 등일 것입니다. 물론 MZ세대도 할 말이 많습니다. '선배들이 무조건 일을 던진다', '퇴근 직전에 업무 지시가 내려온다', '갑자기 회식이 잡힌다', '술을 강요한다', '신입이라고 막 대한다' 등 불만이 많지요.

　필자는 1989년, 정부의 200만 호 주택 건설 정책으로 건설업이 최고 호황이던 시기에 현장 근무를 시작했습니다. 아파트 현장에 발령받은 후에는 비 오는 날 외에는 사실상 365일 출근했다고 해도 과언이 아닙니다. 지금의 젊은 건설인들로서는 상상도 못할 강도 높은 근무 환경이었습니다.

그 당시엔 기능공 인력도 부족했습니다. 그래서 건설사 직원들이 직접 철근을 운반하고 배근하는 등 기능공 역할을 하기도 했습니다. 저도 콘크리트 공사 후 벽돌 쌓기용 바닥 줄눈 작업을 직접 여러 동에 걸쳐 한 적이 있습니다. 줄눈 작업은 고무통에 먹물을 넣고 굵은 실을 이용해 두 사람이 조를 이뤄 진행합니다. 먹물이 바닥에 선을 새기는 동시에 튀어서 얼굴에도 묻곤 했습니다. 먹물이 튄 얼굴로 퇴근할 때면 아내가 웃기도 했지요. 물론 지금은 레이저 장비를 이용해 훨씬 편하게 시공합니다. 당시는 육체적으로 힘든 시절이었지만, 직원들 간의 **끈끈한 정과 의리**로 모든 어려움을 극복해냈습니다. 지금도 그때 함께 근무했던 직원들과 1년에 한두 번씩 만나 소주 한 잔 기울이며 **추억**을 나누고 있습니다.

세월이 많이 변했습니다. 요즘 건설 현장에 가보면 예전 같은 따뜻한 분위기보다는, 정해진 준공 날짜를 맞추기 위해 바삐 움직이는 사람들만 보입니다. **마음의 여유가 없어 보이고, 동료 간 유대 관계도 예전 같지 않습니다.** 특히 **중간 관리자의 어려움**이 커졌습니다. 아무리 급한 일이 있어도 신입사원이 정시에 퇴근해버리는 일이 많다 보니 남은 일은 모두 중간 관리자의 몫이 됩니다. 중간 관리자들이 야근을 하며 일을 마무리하고 밤늦게 퇴근하는 일이 비일비재합니다. 또한 신입 사원들은 **업무에 대한 열정과 배우려는 자세도 부족한 경우가 많습니다.** 늦게까지 남아 어떻게 하면 일을 더 잘할까 고민하거나 선배에게 조언을 구해 업무 스킬을 쌓는 것이 아니라 주어진 업무 시간에 맞춰 일하고, 정시에 퇴근하는 데에만 집중하는 것 같아 안타깝습니다.

이러한 환경에서 리더는 다음 세 가지를 꼭 갖추어야 합니다.

첫 번째, 리더는 부하 직원들과 소통하는 방법을 지속적으로 교육 받아야 합니다. 교육은 마치 태엽 인형과 같습니다. 태엽을 감으면 인형이 움직이다가, 시간이 지나면 멈춥니다. 태엽을 다시 감아야 인형이 움직이듯 **교육도 일정한 주기로 반복되어야 효과가 있습니다.**

두 번째, 리더는 부하 직원들에게 존중과 관심을 보여야 합니다. 리더가 직원들에게 진심 어린 관심과 존중을 보이면, 직원들은 감동을 받고 동기 부여가 되어 업무 몰입도와 성과가 높아집니다. 결과적으로 조직은 지속적으로 성장하게 됩니다.

세 번째, 리더는 솔선수범해야 합니다. 자녀가 게임을 할 때, 부모는 독서라도 하면서 "이제 공부 좀 하자"라고 말해야 그 말이 통합니다. 부모가 TV를 보며 자녀에게 공부하라고 하면, 아이는 '왜 나한테만 공부하라고 해?'라고 느끼며 반발하게 됩니다. 리더도 마찬가지입니다. **모든 분야에서 모범이 되고, 앞서가야 한다는** 사실을 잊지 말아야 합니다.

어떤 시대든 **조직을 움직이는 원동력은 결국 '사람'입니다.** 조직에는 다양한 연령대의 사람들이 모여 있을 수밖에 없습니다. 서로의 세대 차이를 인정하고, 이해하며, 소통하는 자세가 필요한 시대입니다. **좋은 리더는 시대에 맞는 리더십으로 조직을 이끕니다.**

■■ 사회생활을 하면서 다른 사람에게 모범이 되는 리더를 만나본 적이 있나요? 있다면 그 사람은 어떤 사람이었나요? 그 사람이 가지고 있었던 특징을 떠올려 적어보세요.

# 13
성품이 경쟁력이다

강성룡 박사의 『인공지능 시대, 이제는 성품이 경쟁력이다』에서 저자는 다음과 같이 강조합니다. "사람과 일을 관리하는 능력이 뛰어난 리더가 정작 직원들로부터 존경을 받지 못하는 경우가 많다. 또한 역량이 뛰어난 직원이 빛나는 성과를 내지 못하는 이유는 몰입 부족과 내적 동기 결핍 때문이다." 그는 이러한 문제에 대해 '성품 교육'이 최상의 해결책이라고 주장합니다.

저자는 현실 세계에서 성공한 사람들의 공통점이 **올바른 성품**에 있다는 사실을 강조합니다. 올바른 성품을 가진 이는 **신기루 같은 성공 신화를 좇으며 경쟁의 전쟁터 속에서 휩쓸리는 삶이 아니라, 자신의 기준을 확고히 세우고 꾸준히 전진하는 삶**을 삽니다. 여기서 말하는 '내적 동기'란, **어떤 대가를 치르더라도 옳은 것을 선택하려는 성품**을 말합니다.

성품은 사전적으로는 '사람의 성질이나 됨됨이'로 정의되며, 타고난 본성과 심성도 포함됩니다. 성격은 쉽게 고칠 수 없지만, 성품은 교육이나 좋은 멘토를 통해 개선되고 성장할 수 있는 특성이라는 점에서 희망적입니다. 심리학자들도 "성격이 나쁜 사람은 참고 지낼 수 있지만, 성품에 문제가 있는 사람은 빨리 정리하는 것이 현명한 선택"이라고 말합니다. 성품은 특히 비상 상황이나 돌발 상황에서 드러나기 때문입니다.

우리 사회가 좋은 성품을 지닌 사람을 키워낼 수 있는 세 가지 방법을 제시해봅니다.

첫째, 성품 교육입니다. 성품 교육은 조직 내 모든 구성원이 **직급별, 직위별로 반드시 받아야 할 교육**입니다.

- 신입사원에게는 공손하고 밝은 자세, 성실하고 적극적인 태도를 지니게 하기 위한 성품 교육이 필요합니다.
- 팀장과 임원 등 간부급은 부서원에 대한 존중과 배려심을 갖추게 하는 리더십 교육이 필요합니다.

하지만 현실에서는 HR 부서가 성과 향상 중심의 교육에만 집중하다 보니, 신입사원 가운데 일부는 입사 1년 이내에 퇴사를 하거나 퇴사를 준비하는 사람이 많은 것이 현실입니다. 리더들은 성품 교육을 제대로 받고 직원들에게 관심을 가지고 존중하며 업무 몰입도를 높이고 조직의 발전을 이끌어야 합니다. 신입사원 또한 "어떤 대가를 치르더라도 언제나 옳은 것을 선택하려는" 성품을 갖추고, 지속적인 동기 부여를 받는다면 쉽게 퇴사하지 않을 것입니다.

둘째, 좋은 성품을 가진 멘토입니다. 역사적으로도 훌륭한 멘토는 인생을 바꾸는 힘이 있습니다. 무명의 플라톤도 소크라테스라는 스승을 만나 가르침을 받으며 철학자로서 큰 명성을 얻었습니다. 소크라테스는 플라톤의 정신적 스승이자 철학적 기반을 형성한 인물로, 플라톤의 철학 세계에 큰 영향을 주었습니다. 특히 플라톤에게 끊임없이 질문을 던지는 '산파법'을 통해 진리에 접근하는 방법을 가르쳤습니다. 또한 그는 물질보다 정신과 영혼의 중요성을 강조하여 플라톤 철학의 형이상학적 기초를 마련하였습니다.

셋째, 공감과 인내, 자기조절 능력 키우기입니다. 좋은 성품은 공감 능력, 나눔, 협력, 인내, 끈기, 존중, 예의, 감정 조절, 자기 통제력을 포함합니다. 이러한 성품은 영유아 시절부터 부모의 관심과 교육을 통해 키워져야 합니다. 자신감 있고 도덕적이며 책임감 있는 어른으로 자라기 위해, 성품 교육은 지식 교육만큼이나 중요합니다. 아이들이 사회에 잘 적응하고, 건강한 성인으로 성장하기 위한 필수 조건입니다.

하지만 한국의 유아 교육은 지식 전달에 치우쳐 있습니다. 아이들이 영어 유치원, 교과목 및 예체능 학원, 학습지 등에 시달리며 정작 성품 교육을 받을 틈이 없는 현실이 안타깝습니다.

필자는 어린 시절 어머니로부터 두 가지 귀한 가르침을 받았습니다. "남의 집에 갈 때는 꼭 작은 선물을 준비해 가라"와 "언제 어디서나 성실한 자세로 꾸준히 일해라"라는 말씀이었습니다. 지금 돌이켜보면 이러한 어머니의 가르침이 곧 삶의 지침이 되었고, 성품과 태도를 바로세우는 밑거름이 되었습니다.

지금까지 성품과 성품 교육의 중요성에 대해 살펴보았습니다. 우리 아이들은 어릴 때부터 부모의 관심 속에서 지식과 성품을 함께 교육받아 사회에 잘 적응하고 타인과 더불어 살아가는 성인으로 성장할 수 있어야 합니다. 성품이 경쟁력이라고 말하는 멘토들의 조언에 귀 기울이고, 그 조언을 실천하며 살아가는 자세가 필요한 시대입니다.

■■ 사회생활을 하면서 주변에 좋은 성품을 가졌다고 느낀 사람을 만나본 적이 있나요? 그들은 다른 사람들과 잘 융화하고 있나요? 그렇다면 그들에게 배울 만한 면모를 떠올려보고, 한번 적어보세요.

14 감정을 다스리는 지혜

　　　　　　　　　살다 보면 남 앞에서 감정을 쉽게 드러내지 않으려고 애를 쓰게 됩니다. 어릴 때는 자신의 기분과 느낌을 있는 그대로 표현하지만, 나이가 들수록 점점 감정 표현을 자제하게 됩니다. 몹시 화가 나거나 신경질이 날 때도 그저 꾹 참고 넘기는 경우가 많습니다.

　특히 회사에서는 높은 지위에 있는 사람일수록 얼굴 표정 하나하나가 부하 직원에게 미치는 영향이 큽니다. 그래서 그런 사람들은 기분 나쁜 일이 있어도 늘 밝은 표정으로 직원을 대하려고 애를 씁니다. 하지만 이처럼 계속 나쁜 감정을 숨기고 억누르다 보면 언젠가는 스트레스가 폭발해 건강에 큰 문제가 생길 수도 있습니다. 차라리 자신의 감정을 조금씩이라도 표현하고 발산함으로써 스트레스를 해소하는 것이 정신 건강에 훨씬 도움이 됩니다.

정신과 전문의인 지인은 늘 이렇게 말합니다. "스트레스는 반드시 풀어야 합니다. 마음속의 걱정거리나 고민을 주변 사람들에게 조금만 털어놔도 어느 정도 해소가 됩니다." 하지만 감정과 속마음을 함부로 아무에게나 이야기했다가는 그 말이 자신에게 부메랑처럼 돌아올 수 있으니 때와 장소, 그리고 감정을 드러내는 방법을 잘 선택해야 합니다.

감정을 조절하는 다음의 네 가지 방법을 한번 실천해보세요.

첫째, 아무리 친한 사이여도 속마음을 전부 다 말하지 마세요. 어제의 친구가 내일의 적이 될 수도 있습니다. 한때 나눴던 불편한 속마음 하나하나가 상대가 적이 되었을 때는 날카로운 비수가 되어 돌아올 수 있습니다. 속마음은 필요한 만큼만, 신중하게 공유해야 합니다.

둘째, 상사에게 바로 반응하지 마세요. 상사에게 심한 질책을 받았더라도 그 자리에서 즉각 대응하는 것은 금물입니다. 괘씸죄나 항명죄로 더 큰 불이익을 받을 수 있습니다. 이럴 땐 상사의 입장에서 그가 자신에게 무엇을 원했는지 파악하려는 노력이 필요합니다. 자신의 실수를 인정하고 더 열심히 노력해서 개선된 결과를 보이는 것이 가장 현명한 대응입니다.

셋째, 감정이 폭발하기 직전이라면 '숨 고르기'를 하세요. 화를 참기 어려울 정도로 감정이 끓어오를 때는 **크게 심호흡을 하고, 마음속으로 숫자 10을 천천히 세어보세요.** 또는 사랑하는 사람들과 함께한 행복한 순간들을 떠올리며 분노를 가라앉히는 것도 좋은 방법입니다. 그 자리를 잠시 피하는 것도 효과적입니다. 예를 들어, 옥상이나 야외 휴게소에서 커피 한잔하며 10분 정도 '멍 때리기'를 해보세요. 마음이 가라앉고, 분노가 자연스럽게 사라지게 됩니다. 분노를 일으킨 원인에서 벗어나게 해줄 새로운 돌파구도 떠오를 수 있습니다.

넷째, 자신을 다독이며 마인드 컨트롤을 하세요. 일하다가 화가 날 때는 과거에 더 힘들었던 시기를 떠올리며 **'이 정도는 아무것도 아니야'** 하고 자신을 다독이는 마인드 컨트롤을 해보세요. 점심시간이나 퇴근 후에 30분~1시간 정도 산책을 해도 좋습니다. 몸을 움직이면 스트레스로 무거웠던 머리가 맑아지고 마음도 한결 가벼워집니다.

회사 생활, 가정 생활 등을 해나가는 일상 속에서 우리는 감정을 무조건 억누르기보다 **감정을 적절히 조절하고 표현할 줄 아는 지혜가** 필요합니다. 자신의 속마음을 잘 표현하고 감정을 다스릴 줄 알게 되면 신체적, 정신적 건강도 자연스럽게 따라옵니다. **감정을 조절하는 능력은 나 자신을 지키는 힘입니다.**

■■ 사회생활을 하면서 주로 어떤 경우에 화가 나나요? 누군가에게 화를 내고 후회한 경우가 있나요? 주로 화가 나는 때가 언제인지, 누군가에게 화를 내고 후회한 적이 있는지 떠올려보고, 그 경험들을 적어보세요.

15 웃음은 행복의 시작

"웃으면 복이 온다"라는 말이 있습니다. "웃는 얼굴에 침 못 뱉는다"라는 속담도 있지요. 웃음이 많은 사람은 오래 살고, 낙천적인 사람에게는 행운이 따라온다고 합니다. **웃어야 행복해지고, 삶을 기운차게 살아갈 의욕과 앞날에 대한 희망도 생겨납니다.**

젊은 남녀가 나오는 커플 매칭 프로그램을 보다 보면, 여성들은 잘 웃고 표정이 밝은 남성들에게 호감을 표합니다. 남성들도 대체로 무조건 얼굴이 예쁜 여성을 좋아할 것 같지만 기본적으로 방긋방긋 잘 웃는 여성에게 호감을 느끼는 것 같고요.

기분이 우울하거나 착 가라앉아 있을 때 코미디 영화나 개그 프로그램을 보면 한바탕 실컷 웃고 나서 기분이 좋아지는 경험, 아마 누구나 한번쯤 해봤을 겁니다. 이렇게 웃음은 **신진대사를 촉진시키고, 건강에도 큰 도움이 됩니다.**

성공적인 삶을 살려면 일단 성공적인 직장 생활부터 해야 할 것 같습니다. 성공적인 직장 생활은 무엇으로 시작될까요? 바로 밝은 표정이라고 생각합니다. 가끔은 벌레라도 씹은 듯 인상을 찌푸린 사람, 인사를 해도 잘 받지 않고 늘 무뚝뚝한 사람도 있습니다. 이런 얼굴을 마주하면 좋았던 기분도 금세 가라앉게 됩니다. 반면, 밝고 활기차게 인사하는 사람은 주변 분위기를 환하게 바꿉니다. "안녕하십니까? 좋은 아침입니다!", "주말 잘 보내셨나요?"라고 씩씩하게 인사하는 사람을 보면 긍정적인 에너지를 받게 됩니다. 그렇게 인사를 잘하는 사람은 일도 성실하게 잘하기 마련입니다.

우리가 하루 반나절 이상을 보내는 직장은 주어진 목표를 한정된 시간 동안 반드시 달성해야 하는 전쟁터입니다. 긴장, 압박, 스트레스가 가득한 공간이지요. 이럴수록 구성원들의 밝은 표정과 긍정적인 태도는 냉랭하고 답답한 사무실 공기를 상쾌하게 바꾸어줍니다. 서로 웃으며 인사하고, 생일인 직원에게는 작은 선물과 축하 메시지를 건네고, 퇴근할 때는 자기 책상 주변을 말끔히 정리하는 모습. 이런 작은 행동들이 모여 회사 전체에 활기를 불어넣는 산소가 됩니다. 산소가 없으면 생명체가 살아갈 수 없듯, 웃음이 없는 조직은 활력을 잃습니다.

오늘부터, 지금부터, 나부터 먼저 웃어보면 어떨까요? 사회생활을 좀 더 신명 나게 해봅시다. 내가 웃으면 나만 행복해질 것 같지만, 결국 그 행복은 다른 사람에게도 전해집니다. **나부터 행복해야 모두가 다 행복해집니다.**

▪▪ 당신이 회사에서 항상 웃는 얼굴로 근무한다고 가정해보겠습니다. 그렇게 생활할 때 생길 장점은 어떤 것이 있을까요? 생각해보고 적어보세요.

16
때로는 다른 사람의
결점을 눈감아주자

인간은 자신이 한 작은 일도 인정받고 싶어 하고, 심지어 자신만의 독특한 취미조차도 다른 사람에게 받아들여지길 바라는 욕구가 있습니다. 더 나아가, 자신의 실수나 결점마저도 너그럽게 봐주길 바라는 이기적인 마음을 품고 있는 동물이기도 합니다.

사람은 누구나 실수를 합니다. 자신의 실수가 남에게 드러나는 것이 부끄럽고 창피해서 그것을 숨기고 감추려는 선택을 하게 됩니다. 특히 지위가 높거나 나이가 든 사람일수록, 자신의 실수나 결점, 약점이 노출되는 것을 꺼리는 경향이 큽니다.

이는 사회적 체면이 깎이고, 리더십이 훼손된다고 느끼기 때문입니다. 그런데 어떤 사람은 남에게 조금이라도 더 인정받기 위해 경쟁자의 실수나 결점을 드러내기도 합니다. 심지어 상사나 직장 동료, 또는 친한 친구의 약점을 여기저기 퍼뜨리고 소문을 내는 경우도 있습니다. 이런 행위는 타인의 인생을 함부로 짓밟는 매우 비열하고 잘못된 행동입니다.

그러나 세상은 인지상정, 자업자득이라 남을 모함하고 헐뜯는 사람은 결국 그에 상응하는 대가를 치르게 되어 있습니다. 진실은 언젠가 반드시 밝혀지게 마련입니다.

지적보다 배려가 더 큰 힘을 발휘한다

사회생활을 하다 보면, 상사나 부하 직원의 실수나 결점이 보일 때가 있습니다. 특히 사업 계획 공유, 주간·월간 회의, 긴급 이슈 미팅 등에서 발표자의 자료 오류를 발견하는 경우가 종종 있습니다.

이럴 때 심각한 오류가 아니라면 굳이 회의석상에서 공개적으로 그것을 지적하는 것은 바람직하지 않습니다. 발표가 끝난 후 조용히 다가가 정확한 정보를 알려주는 태도가 훨씬 더 품격 있고 지혜로운 모습으로 비치기 마련입니다.

그런데 어떤 사람들은 자신이 얼마나 잘났는지를 드러내기 위해 굳이 발표자의 실수를 회의 중에 들춰내어 분위기를 깨곤 합니다. 이런 행동은 '지적'을 넘어 '공격'으로 받아들여질 수 있으며, 장기적으로는 인간관계를 해치는 결과를 낳습니다.

미국의 정치가 벤저민 프랭클린은 이렇게 말했습니다. **"상대의 결점에 침묵하라."** 이는 곧, 상대방의 결점이나 약점을 함부로 지적하지 말라는 의미를 담고 있습니다.

결점을 감싸는 사람이 진짜 어른이다

누군가의 결점이나 약점을 알게 되었을 때 함부로 입 밖에 내지 않는 것. 그것이야말로 진정한 배려입니다. 꼭 필요한 조언이나 코칭이라면 **남들 앞에서가 아니라 당사자에게 가서 조용히, 조심스럽게 말을 건네는 것이 옳습니다.** 그렇게 하면 상대방은 자존감이 지켜지고, 당신은 인격과 신뢰가 돋보이게 됩니다. 다른 사람의 결점을 덮어주는 사람이 진짜 성숙한 사람이며, 누군가의 부족함을 몰래 채워주는 사람이 진짜 어른입니다.

■ 업무를 처리하다가 실수를 했을 때 다른 사람에게 조언을 들었던 적이 있나요? 들었던 조언 가운데 크게 도움이 되었거나 인상적이었던 것이 있나요? 있다면 적어보세요.

17 설득의 기술

인간은 평생 수많은 사람을 만나며 살아가는 사회적 존재입니다. 인생을 사는 동안 반드시 누군가를 설득해야 하는 상황에 종종 처하곤 합니다. 때로는 간절한 부탁에 가까울 정도의 설득을 해야 할 때도 있지요. 그래서 우리는 현명하고 부드럽게 내가 원하는 바를 관철할 줄 아는 지혜를 배워야 합니다.

다음은 직장 생활을 포함한 일상생활에서 활용할 수 있는, 간단하지만 효과적인 설득과 부탁의 기술 4가지입니다.

첫 번째, 얼굴을 보며 진심으로 설득하십시오. 설득이 필요한 상황이라면 **직접 얼굴을 보고 말하는 것이 가장 효과적입니다.** 전화나 문자보다 대면으로 요청할 때 상대방은 당신의 진심 어린 표정과 간절한 말투, 정성스러운 태도를 보고 들으며 더 깊은 인상을 받고, 당신의 의사를 더 잘 전달받습니다. 설득은 감정의 영역이기도 하기 때문입니다.

두 번째, '상호 원원' 전략을 세우십시오. 설득의 목적은 보통 자기에게 유리한 방향으로 상대를 행동하게 하는 것입니다. 하지만 인간은 누구나 자기에게 이득이 있어야 움직입니다. 따라서 설득할 때는 **상대방에게도 이익이 돌아가는 구조를** 제시해야 합니다. 내가 얻고자 하는 것뿐 아니라, 상대가 무엇을 얻을 수 있는가를 동시에 생각해야 설득이 성공할 가능성이 높습니다.

세 번째, 큰 부탁부터 하고, 작은 부탁은 나중에 하십시오. 먼저 상대방이 들어줄 가능성이 낮은 큰 부탁을 제시한 후, 그보다 훨씬 가벼운 진짜 원하는 부탁을 하면 상대는 첫 부탁을 거절한 데 대한 미안함과 부담 때문에 작은 부탁을 수락할 확률이 높아집니다.

네 번째, 선택지를 주며 부탁하십시오. 부탁을 할 때는 '이것 또는 저것' 식으로 두 가지 이상의 선택지를 주는 것이 좋습니다. 예를 들어 "선배님, A 케이스를 도와주실 수 있을까요? 아니면 B 케이스라도 도와주실 수 있을까요?"라고 말하면, 상대는 **도와줄지 말지를 선택하는 것이 아니라, 어떤 것을 도와줄 것인지 선택**을 하게 됩니다. 이 방법은 심리적으로 상대가 '거절'보다는 '선택'을 하게 만드는 효과가 있습니다.

우리 모두 이 네 가지 설득과 부탁의 원칙을 잘 익혀서, 직장 생활에서도, 직장 밖의 일상생활에서도 손해 보지 않고, 협상 테이블 위에서 **더 유리한 위치를 점하고 자신의 목적을 이루는** 사람이 되면 좋겠습니다.

▪︎ 사회생활을 하면서 누군가를 힘들게 설득한 적이 있나요? 그 설득은 성공했나요? 그때의 경험을 떠올려보고, 적어보세요.

18

기술사·지도사 자격증을 33세에 취득한 비결

후배들이나 지인들에게 자주 듣는 질문이 있습니다.

"어떻게 **산업안전지도사, 건축시공기술사, 건설안전기술사**를 33세에 모두 취득하셨나요? 정말 궁금합니다."

필자는 그런 질문을 받을 때마다 이렇게 대답합니다.

"가장 먼저 강한 의지와 열정을 마음속에 품고 배수진을 친 다음 인생의 롤 모델을 거울삼아 공부를 시작해야 합니다. 죽기 살기로 해보겠다는 각오, 그리고 내 가족과 내 미래를 책임진다는 간절한 마음이 가장 중요합니다."

우선, **처음 8개월은 매일 4시간, 이후 4개월은 매일 5시간씩** 공부해야 합니다. 이렇게 1년 동안 1,580시간을 집중해서 공부하면, 일반적인 30대 직장인도 두 가지 기술사 자격을 한 번에 취득할 수 있습니다. 말처럼 쉽지는 않지만, 사생결단의 자세로 임하면 충분히 가능합니다.

2025년 현재, 우리나라는 국가적으로 최악의 경제 상황을 맞고 있습니다. 특히 건설업은 더욱 어려워질 것으로 보입니다. 이럴 때일수록 마냥 손 놓고 좋은 시절을 기다리는 것은 너무나 시간이 아까운 일입니다. 이러한 위기가 오히려 기회가 될 수 있습니다. 이러한 시기일수록 자신을 다시 돌아보세요. **이대로 살 것인지, 아니면 변화할 것인지를 결정해야 합니다.** 나이 든 솔개가 엄청난 고통을 견디면서 부리와 발톱을 뽑으며 새로운 삶을 준비하듯, 지금 여러분은 자기 계발을 시작하고 변신해야 합니다.

마음을 다잡고, 고등학교 3학년 시절처럼 딱 1년만 공부에 미쳐보세요. 은퇴 준비는 회사를 다니는 가운데 이루어져야 하며, 자기 계발 없이는 변화를 기대할 수 없습니다. 물론 나이 들어 공부한다는 것은 쉽지 않지만 여러분이 열심히 공부하는 모습을 통해 자녀들은 여러분에 대한 **존경심**과 함께 여러분을 닮고자 학업에 매진하는 자세를 갖게 될 것입니다. **일거양득**의 효과를 누릴 수 있다고나 할까요.

공부를 시작하기에 앞서 인생의 롤 모델은 반드시 필요합니다. 저는 28년 전에 인연을 맺은 제 인생의 롤 모델인 박병근 한국스마트안전보건기술협회 수석부회장을 지금도 만나고 있습니다. 그와 처음 만난 날은 1995년 5월, 두산건설이 시공하던 여의도 순복음교회 건설 현장이었습니다. 그 당시 박병근 수석부회장은 삼성물산 건설 부문 과장으로, 일본 건설 관계자들과 함께 두산건설 현장에 답사를 왔습니다. 그 자리에서 받은 그의 명함에는 '건설안전기술사/건축시공기술사'라는 멋진 소개가 적혀 있었는데, 그 문구를 보는 순간 마음속 깊이 존경심과 부러움이 밀려왔습니다. 또한 그는 유창한 일본어 실력으로 일본인 건설 관계자들을 안내하며 높은 전문성을 보여주었고, 그 모습은 저에게 인상적으로 남았습니다. 그때부터 필자는 박병근 부회장을 벤치마킹하여 악착같이 기술사 자격증을 따기 위해 공부하게 되었습니다.

처음 공부하시는 분들은 **독학**하거나 **동영상 강의로만 공부하는 것을 추천하지 않습니다.** 반드시 **학원을 6개월 이상 다니세요.** 그래야 기술사 이론의 전반적인 흐름, 출제 경향, 취득 전략, 그리고 함께 공부하는 사람들과 인맥이 형성되는 기회까지 얻을 수 있습니다. 초기 비용이 들지만, 이것은 미래의 나에게 투자하는 값진 선택입니다.

무언가를 이루기 위해서는 그 분야에 미쳐야 합니다. 대충 해서 되는 일은 없습니다. 세상에 공짜는 없어요. "No pain, no gain"이라는 말도 있지 않습니까. 여러분도 충분히 해낼 수 있습니다. 지금 당장 도전하세요.

■■ 일을 하거나 공부를 할 때 집중력을 최대한으로 발휘하는 당신만의 노하우가 있나요? 있다면 어떤 방법인지 적어보세요. 아직 없다면 한번 생각해보세요.

19 작은 정성이 기적을 만든다

건설 현장은 흔히 말하는 3D 업종 중 하나로, 근무 조건과 작업 환경이 매우 열악합니다. 젊은 청년층 사이에서는 건설업을 '노가다'라고 인식하는 경우가 많고, 잦은 안전사고로 인해 위험한 직업으로 여겨져 소수의 인원만이 취업을 희망하고 있습니다. 이로 인해 건설업에 우수한 인재들이 유입되지 않아, 대한민국의 건설 역량이 점차 약화되고 있는 것도 사실입니다. 그나마 건설산업 중 '전문 과학기술 서비스업'에 해당하는 건설 엔지니어링과 설계업종은 선호도가 높은 편입니다.

정부는 하루빨리 건설업이 과거의 단순 육체노동 중심 산업이 아닌, AI 기반의 스마트 기술을 통해 고부가가치를 창출하는 산업임을 적극 알릴 필요가 있습니다. 또한 MZ 세대에게 대한민국 건설산업이 'K-건설'이라는 이름으로, 세계적으로 인정받고 있다는 점도 널리 홍보해야 합니다. 건설업을 활발하게 알려서 우수한 인재들이 건설업에 적극적으로 참여하게 하고, 미래 건설산업 발전에 지속적으로 기여할 수 있도록 해야 합니다.

필자는 건설업에 36년간 종사해왔고, 단 한 번도 이 직업을 선택한 것을 후회한 적이 없습니다. 대학교 여름방학 때 건설 현장에서 통나무 비계를 나르는 아르바이트를 한 경험이 있습니다. 다세대 주택 5층 규모의 공사현장이었고, 지금은 철제 가설비계를 사용하지만 1980년대 초에는 통나무로 외부 가설비계를 설치했습니다. 건설 현장 아르바이트는 일당이 일반 제조업보다 높아서 1주일만 일해도 한 달 치 용돈이 생길 정도였지요. 저는 가설공사 비계 작업반장이었던 아버지의 영향을 받아 공대 건축과를 졸업하고 군 제대 후 1989년 7월 21일 서울 소재 두산건설에 입사하게 되었습니다.

1980년대 후반부터 1990년대 초반까지는 정부의 '주택 200만 호 건설 정책'으로 인해 건설업이 전례 없는 호황기를 맞았습니다. 주말에도 철근 콘크리트 공사를 하는 것이 당연했고, 365일을 새벽같이 출근하며 퇴근 시간도 따로 없는 바쁜 일상을 보냈습니다. 명절이나 비 오는 날 정도에만 쉴 수 있었고, 아이의 입학식이나 졸업식도 상사의 눈치를 보느라 참석하지 못했던 기억이 아직도 생생합니다. 지금의 MZ 세대라면 대부분 사표를 던지지 않았을까 싶은 근무 환경이었네요. 하하.

25년간 두산건설에 근무한 끝에, 서울 노원구 월계 4구역 재개발 현장의 첫 소장으로 발령받았습니다. 공사는 지상 9층, 10개 동으로 구성된 아파트 단지였으며, 국철 1호선과 인접해 있었고 작업 차량 진입로가 1개소라 공사 진행이 매우 힘들었습니다. 준공을 5개월 앞둔 시점에야 철근 콘크리트 공사가 종료되어 현장은 초비상이었습니다. 통상적으로는 준공 10개월 전에는 철근 콘크리트 공사를 마쳐야 입주자들이 제때 입주할 수 있습니다. 현장소장으로서 공기 내 준공을 최우선 목표로 삼고, 전 직원과 함께 사력을 다했습니다. 현장 주변에는 식당이 없어 아침은 김밥, 점심은 중국집, 저녁은 빵이나 샌드위치로 때우는 바쁜 일상이 5개월간 반복됐습니다.

하지만 한 달 가까이 똑같은 메뉴를 먹다 보니 아무리 식성이 좋은 현장 식구들도 질릴 수밖에 없었습니다. 다른 때도 아닌 추운 동절기에 든든한 식사는 에너지의 원천이었기 때문에 식사는 무엇보다 중요했습니다. 저는 아내를 설득해 3일에 한 번씩 두 달 동안 집밥을 직접 준비해 현장에 가져갔습니다. 새벽까지 만든 계란말이, 소고기뭇국, 해장국, 미역국 등과 대형 전기밥솥으로 지은 따뜻한 밥…

정성이 담긴 아내의 음식은 현장 식구들과 협력업체 사람들의 속을 든든히 채워주었고, 현장은 다시 활기를 띠었습니다. 공사 막바지와 구정 연휴가 겹쳐 일정이 더욱 촉박했지만, 모두 설날 당일 단 하루를 제외하고 전원 출근해 마감 작업에 전념했습니다. 특히 공사부장 K는 설날에 밤차를 타고 현장 숙소로 올 정도로, 열정적으로 업무에 임해 큰 감동을 주었습니다.

아내는 지금도 그때를 회상하며 말합니다. "그때 허리도 아프고 힘들었지만, 추운 날씨에 고생하는 직원들에게 마음을 전할 수 있어 보람 있었고, 무사히 준공되어 정말 기뻤어." 아내의 따뜻한 마음은 아직도 직원들의 기억에 남아 있습니다. 당시 월계동 현장 직원들과 1년에 한 번씩 모임을 가지는데 아직도 아내에게 고마워할 정도입니다.

필자는 동절기 공사 중에는 직접 따뜻한 인삼차를 만들어 보온병에 담아 외부 작업이 많은 석공사 작업자들에게 전달합니다. 야간 작업과 밤샘 작업이 많은 온돌마루 팀 당직 근무자들에게도 간식을 충분히 전달합니다. 조적공사는 전체 공정을 연결하는 핵심 단계로, 품질 관리가 매우 중요한데 점심시간 없이 일하는 경우가 많거든요. 현장 순찰을 하던 어느 날, 직원을 통해 조적공사 작업자에게 빵과 우유가 담긴 상자를 전달하게 했습니다. 나중에 한 작업자가 말하더군요. "그때 주신 빵과 우유 덕에 허기진 배를 채울 수 있어 너무 감사했습니다." 2015년, 조적공사 인력을 구하기 어려운 시기였음에도 불구하고, 우리 현장에 투입된 팀은 단 한 명의 이탈도 없이 3개월간 완벽히 작업을 마무리했습니다.

결국 철근 콘크리트 공사 완료 후 남은 5개월 동안 전 직원과 협력업체가 일치단결해 무사히 준공을 해냈습니다. **작은 정성이 모여 누군가에게는 큰 감동이 되고, 그 감동이 때로는 이렇게 엄청난 기적을 만들어내는 것 아닐까요?**

■■ 회사에서, 가정에서, 또는 일상 속에서 불가능해 보였던 일을 성공시킨 적이 있나요? 대단치 않은 것도 좋습니다. 그 경험을 떠올려 보고, 아래에 적어보세요.

20
기본적인 매너의 중요성

회사는 여러 사람이 함께 생활하는 또 하나의 삶의 터전입니다. 출퇴근 시간과 근무 시간을 합치면 하루 평균 12시간에서 13시간 정도를 회사에서 보내게 되니, 어쩌면 집보다도 더 오랜 시간을 머무는 곳이라고 할 수 있습니다. 제가 36년째 사회생활을 해오며 그간 쌓인 경험을 바탕으로 후배 사원들에게 회사에서 반드시 지켜야 할 기본적인 매너에 대해 몇 가지 조언을 하고자 합니다.

첫째, 외부 전화를 받는 예절입니다. 회사로 걸려온 전화를 받으며 "누구세요?"라고 퉁명스럽게 묻는 직원들을 종종 봅니다. 마치 화가 난 듯한 목소리로 응대하는 경우도 있지요. 전화를 건 상대는 대부분 우리 회사의 소중한 고객일 텐데 말이지요. "누구세요?" 또는 "여보세요?"라고 하기보다 "네, ○○회사 ○○팀 ○○○입니다"라고 정중하고 친절하게 응대하는 것이 바람직합니다. 전화 한 통으로 회사의 이미지가 좌우될 수 있기 때문입니다.

　신입사원이라면 회사 동료들의 이름, 직급, 직책을 휴대전화에 저장해 두고, 전화가 올 경우 상대의 이름과 직급을 정확히 호명하며 응대하는 습관을 들이면 좋습니다. 상급자에게 전화가 왔을 때 "네, ○○○입니다. ○○○과장님, 전화 주셨습니까?"라고 말한다면 상대방은 기분 좋게 대화를 시작할 수 있을 것입니다. 상급자가 전화를 걸었을 때 "여보세요?" 또는 "누구세요?"라고 받는다면 큰 실례가 됩니다. 그리고 상급자라 하더라도 전화를 걸었을 때 먼저 "○○팀장 ○○○ 입니다"라고 자신을 소개하고 용건을 밝히는 것이 바람직한 매너입니다. "너 누구야? 나 몰라? 나라니까!" 같은 말을 쓰는 것은 예의에 어긋나는 구시대적 행동입니다.

　둘째, 존칭 표현은 때와 장소에 맞게 사용해야 합니다. 예를 들어, 이사가 부장을 찾는 전화를 과장이 받았다고 해봅시다. 이때 과장이 "이사님, 부장님이 오후에 영업차 거래처에 나가셨습니다. 지금 이사님께 전화하라고 하겠습니다"라고 말하면 잘못된 존칭 표현입니다. "이사님, 아무개 부장이 오후에 영업차 거래처에 나갔습니다. 지금 이사님께 전화드리라고 하겠습니다"라고 해야 맞습니다. 이는 대화의 대상이 되는 사람보다 지금 내 말을 듣고 있는 사람이 더 높은 위치의 사람이라면 대화의 대상에게 존대를 하지 않는 압존법입니다. 회사에서는 무조건 존칭을 쓰는 것이 아니라 압존법을 사용하는 것이 일반적인 업무 예절에 맞습니다.

셋째, 회의나 프레젠테이션, 미팅 도중에 핸드폰을 자주 보는 것은 업무에 집중하지 않는다는 인상을 줄 수 있으므로 삼가야 합니다. 이는 특히 외부 고객과 만나고 있을 때는 큰 실례가 될 수 있고, 회사의 이미지에도 부정적인 영향을 줄 수 있습니다. 중요한 회의 중에는 핸드폰을 가방이나 책상에 두고, 온전히 회의에 집중해야 합니다.

넷째, 회의 시 의자에 앉아 팔짱을 끼거나 다리를 꼬는 자세를 취하지 않는 것이 좋습니다. 때로는 언행보다 자세가 다른 사람에게 더 임팩트를 주는 경우가 많습니다. 팔짱을 끼거나 다리를 꼬는 자세는 보는 사람에게 불쾌감을 느끼게 하고, 건방지거나 무성의하다는 인상을 줄 수 있습니다. 심리학적으로도 방어적인 자세로 해석될 수 있으며, 상대방의 이야기를 성의 있게 듣고 있지 않다는 느낌을 줄 수 있습니다. 회의 시 조금 불편하더라도 어깨와 가슴을 펴고 바른 자세를 유지하는 것이 건강하고 예의 바른 태도입니다.

기본적인 매너는 별것 아닌 것처럼 보여도 사회생활을 하는 데 있어 인간관계를 잘 맺을 수 있게끔 하는 중요한 요소입니다. 나의 업무 예절이 회사 전체의 품격을 높일 수도 있고, 낮출 수도 있다는 점을 잊지 마시기 바랍니다.

■■ 앞에 언급된 것 외에 회사에서 지켜야 할 기본예절에는 어떤 것이 있을까요? 생각해보고 아래에 적어보세요.

Part 02

"가정에서의 슬기로운 생활 23가지"

가정에서의 슬기로운 생활 23가지

01
자녀에게 받는 용돈은 급여 이체로

필자의 두 아들은 경기도 소재 대학교의 기계공학과를 졸업하였습니다. 큰아들은 2017년 2월에 H 자동차에 입사했고 작은아들은 2018년 2월에 L 화학에 입사했습니다. 다행히 두 아들은 지금까지 잘 근무하고 있습니다.

2018년 3월에 온 가족이 모여 식사를 한 후, 조용히 아내를 집에 남겨두고 삼부자가 집 근처 통닭집에서 소주 한잔을 했습니다. 소주 몇 잔을 먹은 후 용기를 내어 두 아들에게 매우 어렵게 이야기를 꺼냈습니다. 사실 그 부탁은 10년 전 J대 기숙사 현장 소장으로 근무할 때, 감리단장이 해준 조언이 생각나 입 밖에 꺼낸 것입니다. 각자 정기적으로 어머니, 말하자면 제 아내에게 얼마간의 용돈을 주라는 것이었습니다. 한 달 전부터 아내와 상의도 했지만 몇 번이고 망설이고 망설이다 두 아들에게 말한 것이었죠.

저는 두 아들에게 "아버지는 앞으로도 돈을 벌 수 있다. 그러나 엄마는 전업주부라 별도의 수입이 없다. 너희들 모두 이제 직장 생활을 하고 있으니 매월 고정적으로 약간의 용돈을 엄마에게 주었으면 한다. 그러면 엄마도 너희들을 항상 자랑스러워하고 고마워할 것이며 너희들도 엄마가 키워준 데 대한 감사와 사랑의 표현을 함으로써 좀 더 당당해질 것이다. 결론적으로 엄마에게 매월 25만 원 또는 50만 원을 이체해줬으면 한다"라고 조심스럽게 제안했습니다. 그때부터 두 아들의 급여 날에 각각 25만 원씩 아내의 통장에 입금이 되기 시작했습니다.

그렇게 매달 꼬박꼬박 급여 이체를 하다 보니 아내의 통장에는 매달 일정 금액의 돈이 조금씩이나마 계속 쌓이고 있습니다. 벌써 7년째 정기적으로 용돈이 입금되니 아내도 무척 행복해합니다. 아내는 "당신이 지금까지 제일 잘한 일은 애들을 설득해서 매달 용돈을 주게끔 한 것이야"라고 말하곤 합니다.

사실 아내는 두 아들이 고생해서 번 돈을 매월 용돈으로 받는 것이 너무 이기적이고 속물처럼 느껴진다며 극렬히 반대했습니다. 그래서인지 지금도 두 아들이 주는 용돈을 막 쓰지 못합니다. 아들들이 고생해서 번 돈이라서 더 아껴 쓴다고 합니다. 그 돈을 어디에 쓰는지 보니 아들들과 며느리 생일에 선물로 상품권을 사주는 데 쓰더군요. 손주도 생겼기에 내년부터는 손주 생일도 챙긴다고 합니다.

저는 주변 지인들에게도 자녀들이 취업하면 용돈을 급여 이체로 받으라고 많이 이야기합니다. 그런데 대부분의 사람들은 자녀들에게 그런 이야기를 꺼내지도 못한다고 합니다. 특히 아내가 너무나도 적극적으로 반대하는 바람에 더 어렵다고 합니다.

참 답답합니다. 어쩌면 부모로서 당연하다고 할 수 있는 권리를 요구하면서 왜 자식과 아내의 눈치를 봐야 할까요? 이것은 부모로서 누릴 수 있는 당당한 권리입니다. 취업한 자녀가 있다면 무조건 최대한 빨리 이야기를 해야 합니다. 어떤 자식도 스스로 알아서 부모에게 매달 꼬박꼬박 용돈을 주지 않습니다. 조금은 이기적으로 보일 수 있지만 미래를 위해 자녀에게 얼마간의 용돈을 받는 것이 좋습니다. 그것이 부모 자식 관계에도 좋습니다.

만약 자녀들이 용돈을 준다고 하면 반드시 급여 이체 방식이라야 합니다. 현금으로 용돈을 받으면 매달 꾸준히 받기가 쉽지 않습니다. 급여 이체로 받아야만 자녀들이 결혼 후에도 용돈을 중단하지 못합니다. 또한 어영부영 미루다가 자녀가 결혼을 하면, 용돈 이야기를 꺼내기는 더욱 쉽지 않습니다. 경제 공동체인 부부 사이에 정기적인 고정 지출이 생긴다면 반드시 서로 합의가 되어야 합니다. 결혼한 자녀의 배우자가 이해하고 협조해주지 않으면 어려운 일입니다. 그렇기 때문에 자녀가 결혼하기 전, 매달 용돈을 이체해달라고 이야기 하는 것이 좋습니다.

여러분들도 이 글을 읽고 난 후, 과감히 내질러야 합니다. 스티븐 스필버그의 「ET」라는 영화에서 세 남매의 엄마 멜리 역할을 맡았던

디 윌리스는 "자신의 삶을 보다 낫게 변화시킬 수 있다면 과감히 취해야" 한다고 말했다고 합니다. 용기를 갖고, 두 눈을 질끈 감고, 두 주먹을 꼭 쥔 다음 심호흡도 한번 크게 하면서 취업한 자녀들에게 용돈을 달라고 말해보십시오.

■■ 자녀가 취업을 했나요? 취업을 했다면 자녀에게 용돈 받을 계획을 세워본 적이 있나요? 계획이 있다면 아래에 적어보세요.

02 공부하는 부모가 되자

후배의 아들이 수능 시험에서 높은 성적을 받아 올해 모 대학교 의과대학에 입학했습니다. 이를 축하하기 위해 후배는 친지들을 초대해 저녁 식사를 마련했다고 합니다. 이 자리에서 후배의 장인이 의대에 입학한 손자에게 물었다고 하네요. "자랑스러운 우리 손자, 어떻게 그렇게 공부를 잘했니?" 이때 할아버지의 물음에 대한 아이의 대답은 매우 감동적이었습니다.

"전 아빠를 보며 열심히 공부해 의대에 반드시 가야겠다는 동기가 생겼어요. 아빠는 직장에 근무하시며 하루 걸러 하루는 술자리를 갖고 늦게 귀가하시지만, 항상 짧은 시간이라도 책을 보거나 공부를 하시거든요. 사실 술을 드시고 피곤한 상태에서 책상에 앉아 공부하는 건 쉽지 않은 일이에요. 그런데도 아버지는 지금까지 노무사, 공인중개사 등 자격증을 10개 넘게 취득하셨어요. 그런 모습을 보며 저는 아버지를 진심으로 존경하게 되었고, 저도 더 열심히 공부해야겠다는 각오를 다질 수 있었어요."

정말 인상적인 이야기입니다. 어떤 상황에서도 끊임없이 배우고자 하는 부모님을 존경할 수밖에 없는 건 당연하지 않을까요? 자녀들은 부모가 존경받을 만한 행동을 할 때 감동을 받습니다. 늘 공부하려고 하고, 자녀를 진심으로 이해하려 노력하고, 진정성 있는 모습도 보여주는 부모에게 존경심이 생기지 않을 이유가 없을 것입니다.

'아이들보다 남편에게 돈 써라'라고 얘기하는 스타 강사 김미경 씨의 유튜브 영상을 본 적이 있습니다. 여성들이 10~20대 자녀에게는 돈을 펑펑 쓰면서, 남편에게는 투자를 하지 않는다는 것입니다. 100세 시대에 대비하기 위해 40대 남편에게 필요한 공부를 시켜서 60대, 70대에 멋지게 살 수 있도록 해야 하고, 나중에 낭패를 보지 않게 남편의 자기계발에 적극적인 투자를 해야 한다는 것이 그녀의 생각입니다.

"活到老(활도노), 學到老(학도노)."

필자가 좋아하는 말입니다. 이는 '죽을 때까지 활동하고, 죽을 때까지 배운다'라는 뜻입니다. 100세 시대를 사는 요즘, 배워야 할 것들이 세상에 넘쳐나기에 적극적인 배움의 자세가 더욱 필요합니다.

■■ 객관적으로 생각해보았을 때 자신이 존경받을 만한 부모라고 생각하나요? 그렇게 생각한다면 그 이유는 무엇인가요? 그렇게 생각하지 않는다면 앞으로 존경받을 만한 부모가 되기 위해 할 수 있는 일이 무엇인지 생각해보고, 아래에 적어보세요.

03 아내에게는 무조건 져주자

세상에는 이겨서는 안 되는 대상이 다섯 가지 있습니다. 바로 **아내, 자식, 언론, 권력, 하늘**입니다. 이 중에서도 가장 중요한 첫 번째가 바로 '아내'입니다. 부부 싸움을 하게 되면 **분노, 미움, 서운함**이 생기고 그로 인해 서로의 마음에 깊은 상처가 남습니다. 이 상처는 좀처럼 쉽게 사라지지 않습니다. 더욱이, 부부 싸움은 당사자들보다 **아이들에게 훨씬 더 큰 상처**를 남깁니다. 어릴 적부터 부모의 싸움을 자주 보고 들은 자녀들은 사교성이 부족해지고, 우울감을 느끼거나, 친구들과 잘 어울리지 못하며 어른이 되어서도 마음에 그늘이 생기고 인간관계에 서툴 수 있습니다.

사실 대부분의 부부 싸움은 아주 사소한 일에서 시작됩니다. 예를 들어 '치약을 중간부터 눌러 쓰는 것'은 아내 입장에서는 도저히 이해가 되지 않는 행동일 수 있습니다. '아래부터 짜면 될 것을 왜 굳이 중간부터 눌러서 엉망을 만들까?' 이때 남편들은 속으로 이렇게 외칩니다. '그럼 당신도 중간부터 눌러 써! 이게 뭐라고 아침부터 잔소리야…' 남자와 여자는 참 다른 생명체라는 생각이 듭니다.

부부 싸움이 길어지는 이유는 서로 **자존심 싸움을 하기 때문**입니다. 하지만 아내의 자존심은 남편의 자존심보다 수백 배는 강합니다. 그래서 남편이 끝까지 이기려고 고집을 부리면 결국 손해는 남편이 보게 됩니다. 비록 아내가 실수를 했거나 아내에게 잘못이 있더라도 남편이 한 걸음 먼저 물러나는 것이 **가정의 평화를 지키는 지름길**입니다. 아내와의 싸움이 장기전으로 가다 보면, 결국 가정은 허물어집니다. **아내의 마음이 편해야** 아이들도 잘 돌보고, 남편도 더 잘 챙겨주게 됩니다.

자존심 때문에 아내를 이기려고 하는 사람이 많은데, 정신 바짝 차리고 **무조건 아내에게 져주세요**. 그리고 꼭 기억하세요. **"아내 말을 잘 들으면 자다가도 떡이 생긴다."**

■: 현명하게 부부 싸움을 하는 당신만의 노하우가 있나요? 있다면 아래에 적어보세요.

04
대학을 졸업한 자녀는
반드시 독립시키자

요즘 많은 가정에서 대학을 졸업한 자녀들이 여전히 부모와 함께 생활하고 있습니다. 부모들은 다 큰 자녀를 사랑과 보살핌이라는 이름으로 슬하에 두고 같이 삽니다. 하지만 지나친 사랑과 보살핌은 오히려 자녀의 성장을 가로막는 요인이 될 수 있습니다. 자녀를 이른바 '캥거루족'으로 만들게 되면 자녀의 독립심과 자율성을 약화시키며, 결국 자녀 스스로의 삶에 대한 책임감까지 흐릿하게 만듭니다. 그렇다면, 자녀는 대체 왜 독립해야 할까요?

첫째, 독립심이 길러집니다. 부모와 함께 살면 의식주가 모두 해결됩니다. 요리, 세탁, 청소…. 다 해결되니 자녀는 굳이 뭔가를 스스로 해야 한다는 필요성을 느끼지 못합니다. 이렇게 편안한 환경 속에서는 그러한 환경을 자신도 모르게 당연시하게 되고 점점 나태해지기 쉽습니다. 하지만 혼자 살게 되면, 작은 일 하나하나 **스스로 해결해야 하**

는 **상황**이 닥칩니다. 변기가 막혔을 때도, 형광등이 고장 났을 때도 본인이 해결해야 합니다. 처음엔 서툴 수 있지만 몇 번이고 도전하다 보면 스스로가 대견해지고, '나도 할 수 있다'라는 **자신감과 자립심**이 생겨납니다.

둘째, 부모의 소중함을 더 크게 느끼게 됩니다. 퇴근 후 몸이 아프거나 피곤한 날에 집으로 향하면, 예전엔 당연하게 여겼던 따뜻하고 풍성한 밥상, 뽀송하고 깨끗한 집, 가족의 따뜻한 사랑이 그리워집니다. 직접 겪어보지 않으면 결코 알 수 없는 **가족의 소중함과 부모에 대한 감사함**이 절로 솟아나는 순간입니다.

셋째, 경제적 실익이 생깁니다. 독립해서 일정 기간을 단독 세대주로 거주하면, **청약 자격이 갖춰지고** 추후 아파트 당첨의 기회가 생깁니다. 이는 장기적인 관점에서 매우 중요한 경제적 이득입니다.

넷째, 자연스럽게 결혼을 준비하게 됩니다. 혼자서 밥을 하고 빨래, 청소 등을 하다 보면, 어느 순간부터 누군가와 함께 살고 싶다는, **결혼에 대한 의지**가 생깁니다. 부모와 함께 살 때는 결혼이 남의 일처럼 느껴집니다. 하지만 독립생활을 하다 보면 자연스럽게 '누군가와 함께 살고 싶다'라는 생각이 들게 됩니다. 집안일을 함께하고 삶의 무게를 나누어 짊어질 수 있는 사람, 곧 **인생의 동반자에 대한 필요**를 체감하게 되는 것입니다.

결론적으로 독립을 한다는 건 단순히 부모와 떨어져 사는 것이 아닙니다. 스스로 **자기 삶을 책임지고 주체적으로 살아가는 첫걸음입니다.** 부모님 입장에서는 걱정이 될 수도 있지만, 자녀가 스스로의 삶을 설계하고 성장하기 위해 반드시 거쳐야 할 과정입니다. 자녀가 대학을 졸업했다면, **과감히 독립을 권유하세요.** 처음에는 혼자 지내는 일에 익숙지 않아 시행착오를 겪고 때로는 외로워할지 모르지만, 시간이 지나면 **더 강인하고 성숙한 사람**으로 성장해 있을 것입니다.

필자의 두 아들은 대학을 졸업하자마자 취업을 하였고, 각각 독립하여 회사 부근에서 생활하기 시작하였습니다. 큰아들은 혼자 산 지 4년 만에 결혼을 하였고, 작은아들은 회사에서 제공한 작은 아파트에서 거주하며 성실하게 회사에 다니고 있습니다.

최근 들어 작은아들이 여러 가지 이유로 결혼에 대한 생각을 진지하게 하기 시작한 듯합니다. 필자는 다가올 2026년, 작은아들이 아름답고 행복한 가정을 이루는 모습을 기대하며 마음속으로 응원하고 있습니다.

:: 자녀가 아직 대학을 졸업하지 않았다면, 나중에 자녀를 독립시킬 계획을 세워보고, 아래에 적어보세요.

05
노후에
파산하지 않으려면

탤런트 최불암 씨가 유튜브에서 노인 빈곤 문제에 대해 이렇게 말하더군요. "우리나라 노인층이 파산하거나 빈곤해지는 주요 원인은 자식에게 과도하게 지원하고 투자하기 때문이다."

많은 부모가 자식의 성공이 곧 나의 성공이라는 생각으로 자신의 삶을 희생합니다. 내 자식에게 더 많이, 더 좋은 것을 해주고 싶은 건 본능입니다. 하지만 문제는 **나중에 부모가 궁핍해졌을 때, 자식들이 부모를 돌보지 않는 경우가 많다**는 것입니다. 심지어 아들이 부모를 돕고 싶어도, 며느리의 반대로 그러지 못하는 경우도 있습니다.

예를 들어, 자식들이 결혼할 때 부모들은 전세금을 지원하거나 집을 사주면서 그것이 당연한 일이라고 여깁니다. 하지만 부모가 힘들어졌을 때, 자식들은 한 달에 용돈 몇십만 원을 드리는 것도 아까워합니다.

그래서 부모들은 책을 읽든 유튜브를 보든 해서 **자녀와 적당한 거리를 유지하는 지혜를 배워야 합니다**. 또한 자녀가 대학을 졸업하고 직장을 얻으면, 그때부터는 반드시 부모에게 정기적으로 용돈을 주도록 해야 합니다(이에 관한 실천 방법은, 이 책의 '가정에서의 슬기로운 생활 23가지' 편에 있는 '자녀에게 받는 용돈은 급여 이체로'를 참고하시면 도움이 됩니다). '자식만 잘되면 나는 어떻게 되든 상관없다'라는 생각은 매우 위험합니다. 자신이 굶더라도 손주에게 집을 물려주겠다는 마음은 애틋하고 아름답지만 현실적이거나 올바른 생각은 아닙니다. 그러는 대신 **자신의 집을 담보로 주택연금에 가입**하여 매달 일정 금액을 받고 기본적인 생활을 유지한다면, **자립적인 노후**를 보낼 수 있습니다.

노인 파산의 또 다른 원인은 **은퇴 후 무리한 창업**입니다. 통계에 따르면 창업하고 5년간 살아남는 가게는 단 20%에 불과합니다. 직장 생활만 해온 사람이 식당에서 아르바이트를 해본 경험도 없이 창업을 하면 **6개월도 안 되어 폐업하는 경우가 대부분**입니다. 이로 인해 퇴직금은 물론, 은행에서 대출받은 돈까지 날리게 됩니다. 그 결과, 은퇴 이후 곧바로 **노후 파산**으로 이어질 수 있습니다.

최불암 씨는 노후 파산과 빈곤을 피하기 위한 방법으로 다음 네 가지를 강조합니다.

첫째, 무조건 자식 것보다 내 것을 먼저 챙겨라. 자식에게는 남는 만큼만 주면 된다.

둘째, 다 큰 자식을 위해 희생하는 것을 '부모의 책임'이라 생각하지 마라. 지나친 희생은 자신과 자녀 모두를 불행하게 만들 수 있다.

셋째, 집이 있다면 주택연금에 가입해 안정적인 현금 흐름을 만들어라. 노후의 생활비는 미리미리 확보해야 한다.

넷째, 취미 생활을 통해 건강을 유지하고 삶의 즐거움을 찾아라. 경제적 자립뿐 아니라 정신적 여유도 중요하다.

부모는 자식의 경제적 안정을 신경 쓰기보다 먼저 **자신의 노후를 설계**해야 합니다. 그것이 진정으로 자식에게 부담을 주지 않는 길이기도 합니다. 당신이 노년기에 접어들었다면, 이제는 그 누구보다 당신 스스로를 위하는 삶을 고민할 때입니다.

나중에 받을 국민연금 수령액이 얼마 정도로 예상되나요? 노후에는 생활비가 부족해지기 쉽습니다. 노후 자금을 마련할 계획을 세워본 적이 있나요? 계획이 세워져 있다면 아래에 적어보세요.

06
아내는
언제나 아들 편?

오랜만에 아들이 집에 왔습니다. 마침 아내는 그때 일이 많아 바빴고, 그런 탓에 일주일 치 밀린 빨래를 한꺼번에 세탁기에 돌렸습니다. 세탁이 끝난 후 아내와 함께 건조대에 빨래를 널기 시작했습니다. 그런데 워낙 빨래양이 많다 보니 자연스럽게 말이 나왔습니다. "아들, 같이 빨래 좀 널자." 그 순간, 아내의 편잔이 시작되었습니다. "오랜만에 집에 온 애한테 무슨 일을 시켜요? 지방에서 힘들게 일하다 왔는데…."

그 말을 듣는 순간, 남편으로서 또 아버지로서 마음이 서운하고 씁쓸해졌습니다. 물론 아들이 힘든 건 압니다. 하지만 빨래 좀 너는 게 그리 큰일인가요? 몇 분이면 끝나는 일인데, 그걸 부탁했다고 잔소리를 들어야 하는 걸까요? 그날 저는 문득 "엄마는 영원히 아들 편"이라는 어르신들 말씀을 떠올렸습니다. 이 글을 읽고 계신 여러분도 비슷한 경험이 있지 않으신가요?

비슷한 일이 또 있었습니다. 저희 아버님은 대구에 계십니다. 보통 1년에 두세 번 가족과 함께 대구에 내려갑니다. 그런데 저도 60대가 되고 나니, 이제 운전하는 게 예전 같지 않습니다. 2시간만 운전해도 피곤함이 몰려옵니다. 그래서 가는 길에 종종 아들에게 말합니다. "아들, 다음 휴게소부터는 네가 좀 운전해줄래?"

그러면 어김없이 아내의 말이 이어집니다. "애가 어제 야근하고 왔는데, 무슨 운전을 시켜요! 차라리 내가 운전할게요." 그러고는 정말 아내가 운전대를 잡습니다. 그런 상황이 되면 제 머릿속엔 이런 생각이 떠오릅니다. '20대 청년이 아무리 야근을 했다고 해도, 나보다 체력이 훨씬 좋을 텐데…. 운전 좀 하는 게 그렇게 힘든가?' 이런 일이 반복되다 보면, 마음이 점점 서운해지는 건 어쩔 수 없는 일입니다.

하루는 저의 이런 서운함을 직장 선배들에게 털어놓은 적이 있습니다. 그때 선배 한 분이 이렇게 말해주셨습니다. "결혼한 아들과 그 아들의 아이가 동시에 아파서 병원에 입원했을 때, 엄마는 자기가 낳은 아들부터 보러 가고, 아버지는 자기 아들의 아이, 즉 손주부터 보러 간다더군." 처음엔 웃자고 한 얘기인 줄 알았습니다. 하지만 들으면 들을수록, 이 말 속에 담긴 감정이 참 깊다는 걸 느꼈습니다. 엄마는 아들에 대한 사랑이 쭉 이어지고, 아버지는 어느 순간부터 '내 아들도 아버지니까' 하는 마음이 들기에 아들의 자식, 즉 손주에게 더 마음이 기울게 되는 것이죠.

남편과 아내, 아버지와 어머니는 사랑을 표현하는 방식이 서로 다를 뿐, 가족을 아끼는 마음은 결국 똑같다는 걸 알게 되었습니다. 엄마는 아들이 힘들까 봐 무조건 감싸고, 아빠는 자식이 성인이 되었으니 조금이라도 짐을 나누자고 생각합니다. 그 차이를 이해하지 못하면, 괜히 서운해지고, 괜히 다투게 됩니다. 하지만 차이를 인정하고 나면 마음이 조금은 편안해집니다. 아들과의 거리, 아내와의 시선 차이, 그리고 점점 변해가는 내 역할… 이 모든 것을 **이해하고 받아들이는 것, 그것이 지혜로운 노후를 위한 일종의 성장 가운데 하나가 아닐까요?**

■■ 가정에서 자신보다 자식이 더 대접받는다고 느껴질 때가 있나요?
있다면 그런 상황에서 느끼는 속마음을 적어보세요.

07
행복한 사람이 강한 사람이다

　　　　　　　　　　최근에 아주대학교 정신건강의학과 조선미 교수의 '행복한 사람이 강한 사람이다'라는 강의를 여러 번 보았습니다. 지금까지 봐온 강의 중에서 세 손가락 안에 꼽을 만큼 감동과 교훈, 재미가 모두 담긴 명강의였습니다.

　특히 자녀 교육에 대한 부분은 부모로서 반드시 새겨들어야 할 중요한 내용이 많았습니다. 조 교수는 **"자녀가 행복해지려면 영혼이 강해야 한다"라고 말했습니다.** 그렇다면 자녀의 영혼을 어떻게 강하게 만들어줄 수 있을까요? 이를 위해 부모가 지켜야 할 몇 가지 교육 방식이 소개되었는데, 저는 그중 두 가지를 특히 인상 깊게 들었습니다.

　첫째, 가끔은 반드시 해야 하는 일이 있다는 사실을 가르쳐야 합니다. 아이들은 종종 무작정 "학교 가기 싫어!"라고 떼를 쓰곤 합니다. 이럴 때 부모는 어떻게 반응해야 할까요? 조 교수는 말합니다. "단호하게 '안 돼, 학교 가야지'라고 해야 합니다."

아이가 떼를 쓰는 이유는 진짜로 학교에 가기 싫어서가 아닙니다. 그냥 한번 툭 던져보는 것이죠. '이게 통하면 집에서 놀 수 있겠지' 하는 기대를 하면서요. 하지만 부모가 단호하게 대응하면 아이는 그냥 학교에 갑니다. 혹시 "왜 학교 가야 돼?"라고 묻는다면, "일단 지금은 학교 가고, 집에 오면 이야기해줄게"라고 대답하는 것도 좋은 방법입니다. 실제로 아이들은 학교에 가면 언제 그랬냐는 듯 친구들과 즐겁게 지냅니다. 그리고 집에 와서는 아침에 했던 질문조차 잊습니다.

학교에 가야 하는 객관적이고 합리적인 이유를 아이가 납득하기는 쉽지 않습니다. 학교는 지식과 예절을 배우고, 사회성과 공동체 생활을 익히는 기본적인 훈련장이라고 설명하면 아이에게 혼란만 줄 수 있습니다. 그렇다고 "엄마가 너 학교 안 보내면 나라에서 처벌받아" 같은 말은 아이에게 불필요한 불안감만 줄 뿐이고요.

필자의 경우 잔병치레가 잦았지만 부모님은 등교를 못할 정도로 아프지 않은 이상 아이를 학교에 무조건 보내야 한다고 생각하셨습니다. 그래서 아픈 몸을 이끌고 학교에 가곤 했지요. 덕분에 초등학교 6년, 중학교 3년, 고등학교 3년 모두 **개근상**을 받았습니다. 지금 생각해보면, 부모님의 완고함과 단호함이 저를 강하게 만들었던 것 같습니다.

둘째, 고통에 대응하는 힘이 필요합니다. 조 교수는 "행복한 사람은 고통이 없는 사람이 아니라, 고통을 잘 견디는 사람이다"라고 하더군요. 우리는 누구나 크고 작은 고생을 하며 살아갑니다. 선천적인 환경과 상관없이, 고생은 인생의 일부입니다. 하지만 '고통'은 다릅니다. 고생은 **상황**이지만, 고통은 그 고생에 대한 감정적 해석입니다. 즉, 고생은 피할 수 없어도, 고통은 줄일 수 있습니다.

결국 중요한 것은 **고통의 양이 아니라 고통을 견디는 능력**입니다. 자녀가 어릴 때부터 조금씩 **좌절을 이겨내는 경험**을 하도록 도와주는 것이 필요합니다. 조선미 교수의 강의는 단지 교육 이론뿐만이 아니라, **삶에서 체득한 깊이 있는 통찰과 실천 가능한 지혜**를 담고 있습니다. 부모로서 자녀를 키우며 '어떻게 하면 우리 아이가 더 단단해지고, 더 행복하게 살 수 있을까?'라는 생각을 해보신 분들이라면 꼭 한번 들어보시길 권합니다.

"행복한 사람이 강한 사람이다." 이 단순한 문장이, 자녀 교육뿐 아니라 내 삶에도 큰 울림으로 다가오는 밤입니다.

■■ 당신은 자녀를 강하게 키우고 있나요? 강하게 자란 자녀의 모습을 실감한 적이 있나요? 있다면 그 경험을 떠올려 적어보세요.

08
은퇴를 위한
조용한 준비

비상금의 사전적 의미는 '뜻밖의 긴급하거나 급박한 사태에 대비해 미리 마련해둔 돈'입니다. 금융 전문가들은 제2의 코로나19 사태와 같은 돌발 상황에 대비하려면 **최소 6개월치 생활비에 해당하는 현금 자산을 확보해야 한다**고 강조합니다.

최근 국내 경제가 불황에 접어들고, 경기 침체로 인해 많은 이들이 일자리를 잃거나 가게 문을 닫는 일이 늘고 있습니다. 이처럼 위기 상황이 닥쳤을 때 **몇 개월치의 비상금만 있어도 퇴직 연금을 일시불로 청구하거나 보험·적금을 해지하는 등의 극단적인 선택을 막을 수 있**습니다.

비상금에 관심이 없는 사람은 아마도 없을 것입니다. 네이버에 '아내 몰래 비상금'이라고 검색하면 가장 먼저 뜨는 문구가 바로 『아름다운 은퇴를 위한 아내 몰래 비상금 3억 모으기』라는 책 제목입니다. 한 투자 전문가가 집필한 이 책의 핵심은 다음과 같습니다. "반드시 은퇴를 준비해야 한다. 준비 없는 은퇴는 맨몸으로 전쟁터에 떨어지는 것이다. 은퇴 준비는 빠르면 빠를수록 유리하다. 지금 당장 시작하라."

이 책의 저자는 연금저축, 종신보험, 주식 등을 통해 **3,000만 원으로 3억 원을 만들었다고** 설명합니다. 그런데 과연 직장 생활을 하는 사람들 가운데 **통장에 3,000만 원 정도를 여유 자금으로 보유한 이가 과연 얼마나 될까요?** 제가 아는 주변 사람들 중 10명 가운데 한두 명 정도가 그 정도의 현금을 보유하고 있습니다. 대부분의 샐러리맨들은 월급이 들어오자마자 신용카드 대금, 공과금, 보험료, 대출금 등으로 통장 잔고가 바닥나버리는 경우가 많습니다. 비상금을 만들고 싶어도 당장 모을 돈이 없는 안타까운 현실입니다.

그럼에도 불구하고, 우리는 **악착같이 차곡차곡 비상금을 마련해야 합니다.** 두산건설에서 근무할 당시, 저보다 10년 위의 선배 한 분이 계셨습니다. 3년 전쯤 그 선배와 소주 한 잔을 나누며 이야기를 나누게 되었는데, 그는 이렇게 말했습니다. "자네도 직장 생활 잘 마무리하고 은퇴하기 전에 반드시 비상금을 몇천만 원이라도 준비해 둬야 해." 그의 충고에는 이유가 있었습니다. 당구 계모임을 함께하던 회원 중 한 명이 6개월 전부터 모임에 나오지 않길래 이유를 물었더니, 월 회비 5만 원이 없어 모임에 참석하지 못했다는 것이었습니다. 친구들과의 소중한 관계조차 단돈 몇만 원 때문에 끊기게 되었다는 이야기는, 그 자체로 비상금의 필요성을 절감하게 했습니다.

그 후부터 저는 선배의 조언을 따라 아내 몰래 비상금을 조금씩 모으기 시작했습니다. 물론, 아내도 어느 정도 눈치는 챘을 겁니다. 하지만 모르는 척해주는 듯합니다. 그 사실이 은근히 찝찝하기도 합니다. 언젠가 아내가 급하게 돈이 필요해지면, 제 비상금이 빼앗기는 날도 올 것 같습니다. 그래도 저는 오늘도 비상금을 어디에 숨겨두는 게 가장 좋을지 고민하며, 조용히 은퇴 준비를 이어가고 있습니다.

■■ 지금 비상금을 가지고 있나요? 만약 가지고 있다면 얼마나 가지고 있나요? 나중에 비상금을 어디에 쓸지 계획해보고, 그 계획을 적어 보세요.

09
부모와 자식 간의 갈등

불가에서는 "옷깃만 스쳐도 인연"이라는 말이 있습니다. 그렇다면 부부는 얼마나 깊은 인연으로 맺어진 사이일까요? 불교에서는 전생에 가장 크게 원수를 진 사람이 현재의 배우자라고 합니다. 전생의 업을 이생에서 지지고 볶고 살면서 화해하기 위해 만나는 것이라고도 하지요.

그렇다면 부모와 자식은 어떤 인연일까요? 불교에서는 '부모에게 자식은 전생의 빚쟁이'라고 합니다. 부모는 전생의 빚을 갚기 위해 자식을 위해 희생하고, 자식은 꿔준 돈을 받듯 끊임없이 부모에게 기대고 바란다고 하지요. 그래서 부모는 마치 평생 빚을 진 사람처럼 자식에게 물불 가리지 않고 헌신하게 됩니다.

사람이 살다 보면 별의별 일이 다 생깁니다. 인생은 고난과 역경, 시련과 슬픔, 그리고 기쁨과 행복이 뒤섞인 희로애락의 여정입니다. 오랜 시간 함께한 반려견의 죽음, 사랑하는 부모님이나 친구와의 영원한 이별 등도 삶의 일부입니다. 여러 인간사 중에서도 가장 가슴 아픈 것은 부모와 자식 간에 갈등이 빚어져 남보다 못한 관계가 되는 경우입니다. 이런 상황을 극복하기 위해서는 갈등의 본질을 이해하고, 갈등을 풀어내기 위한 적극적인 실천과 인내심이 필요합니다.

법륜 스님은 여러 강연과 설법을 통해 인생에 대한 깊은 통찰을 나누어주곤 합니다. 많은 이들이 종교를 초월해 그분의 말을 따르고 감동받는 이유도 여기에 있습니다. 특히 부모와 자식 간에 갈등이 빚어졌을 때 적용할 수 있는 따뜻하고도 날카로운 조언은 듣는 이의 가슴을 깊이 울립니다. 그 조언은 다음과 같습니다.

첫째, 자식에 대한 사랑은 장작과 같습니다. 추울 땐 장작 10개를 때고, 봄이 오면 5개, 여름이 되면 불을 때지 말아야 합니다. 신생아 시절에는 극진히 사랑해주고, 사춘기에는 지켜봐주며, 성인이 되면 독립적으로 살아가도록 해야 합니다. 성년이 된 후에도 지나치게 자녀를 보살피면 자식의 성장을 막고, 부모는 사랑이 아닌 감옥이 됩니다.

둘째, 갈등을 겪는 중엔 느긋함이 필요합니다. 갈등을 겪고 있을 때 부모가 조급한 마음으로 자녀에게 다가가려 하면, 자녀는 오히려 더 멀어질 수 있습니다. 스님은 이를 상처에 생긴 딱지에 비유합니다.

"넘어져 상처가 나고 딱지가 생겨도, 시간이 지나면 딱지는 자연스레 떨어집니다. 하지만 성급하게 딱지를 떼면 피가 나고, 다시 상처가 아물기를 기다려야 합니다. 부모와 자식 간의 관계도 마찬가지입니다."

셋째, 부모가 먼저 양보하세요. 갈등이 생겼을 때 부모가 자존심을 앞세우면 자식과의 거리는 더욱 멀어집니다. 이럴 땐 이유도 따지지 말고, 판단도 하지 말고 **먼저** 다가가고, 양보하고, 배려하는 것이 최선입니다. 부모가 자식에게 "미안해, 우리 아들. 나도 부모 노릇이 처음이라 실수를 했네"라고 말하는 것은 자식과의 관계에서 큰 변화를 가져옵니다. 이런 말은 편지를 통해 전해도 좋습니다. 고무줄도 적당히 당기면 다시 돌아오지만, 지나치게 당기면 끊어지고 맙니다. 부모와 자식 간의 관계도 마찬가지입니다.

우리는 수많은 갈등 속에서 살아갑니다. 그 갈등을 풀기 위해서는 때로는 **기다림이**, **때로는 무심함이, 그리고 언제나 배려와 사랑이 필요합니다.** 부모와 자식은 전생에서부터 이어진 깊은 인연이며, 이 생에서는 그 인연을 이해와 용서, 사랑으로 풀어나가야 할 과제를 가지고 있는지도 모릅니다.

■■ 자녀와 크게 갈등을 빚었다가 관계가 좋아진 경험이 있나요? 갈등이 빚어진 원인과 갈등을 해소한 방법을 적어보세요.

10
아내는
꽃이고 보물

아내는 가족 구성원 중 핵심적인 존재로서 매우 중요한 역할을 합니다. 남편이 사회생활에 충실히 임할 때, 아내는 가정을 운영하고 관리하는 주체이자 자녀를 양육하는 중요한 역할을 맡고 있습니다.

암으로 투병하던 아내를 떠나 보낸 고향 친구가 한 말이 기억납니다. "야들아, 너희들 아내에게 정말 잘해주어야 한데이. 그토록 잔소리를 많이 하는 아내 없이 3개월을 살아보니 집 안이 쓰레기장이 된데이"라고 열변을 토하더군요. "열 효자보다 악처가 낫다"라는 말이 있듯 아프면 곁에서 약이라도 챙겨주는 배우자가 얼마나 소중한지 깨달아야 합니다.

최근에는 아내들이 하는 역할이 점점 더 다양해졌지요. 남자들 못지 않게 사업체를 운영하는 사람들도 많아졌으며, 자녀들의 교육과 진로 문제에 깊이 관여하는 사람은 이미 아주 많습니다.

성경에서도 아내의 중요성을 여러 차례 강조하고 있습니다. **구약**에서 아내는 가정을 돌보고 자녀를 양육하며 아이들에게 모범을 보이는 존재로 묘사됩니다. **신약**에서는 아내의 역할이 더 깊고 넓어집니다. 에베소서 5장 22절에는 "아내들이여, 자기 남편에게 복종하기를 주께 하듯 하라"라고 기록되어 있으며, 여기서의 '복종'에는 **사랑, 상호 존중, 신뢰**의 정신이 담겨 있습니다.

또한 에베소서 25절에서는 "남편들아, 아내 사랑하기를 그리스도께서 교회를 사랑하시고, 그 교회를 위하여 자신을 주심 같이 하라"라고 되어 있습니다. 이는 부부가 **일방적인 관계가 아니라** 서로의 책임과 역할을 적절히 나누고 **남편은 아내를 사랑으로 대하며, 아내는 남편을 존중해야 한다**는 의미입니다.

부부가 서로를 사랑하고 존중하는 모습은 자녀들에게도 매우 긍정적인 영향을 끼칩니다. 부부로 살다 보면 시간이 지나면서 연애 시절에 비해 애정이 식거나 서로에 대한 배려가 줄어들 수 있습니다. 이럴수록 이해와 용서, 배려를 통해 위기를 극복하고 행복한 가정을 함께 만들어가야 합니다.

아내는 건강한 들꽃입니다. 아무리 험한 비바람을 맞아도 당당하게 벌판에 피어나는 들꽃처럼 굳건하고 생명력 있게 가정을 지켜냅니다. 또한 아내는 향기로운 국화꽃입니다. 가을에 피는 국화는 그 향기가 은은하고 깊어 오래도록 기억에 남습니다. 그리고 아내는 아름다운 장미꽃입니다. 장미는 가시가 있지만, 조심스럽게 다루면 가장 눈부신 아름다움을 선사하는 꽃입니다.

최근에 '아내를 당황하게 하기'라는 제목의 영상이 화제가 되었습니다. 봄나들이를 나온 부부를 인터뷰한 이 영상에서 남편은 "아내와 꽃은 구분할 수 없다"라고 말하며 아내에 대한 사랑을 표현했고, 영상을 본 많은 사람들에게 뜨거운 찬사를 받았습니다. 국내는 물론 해외에 있는 네티즌들까지 "정말 사랑스러운 남편이다", "결혼 후에도 아내에게 저렇게 사랑을 표현하다니 멋지다"라는 반응을 보였습니다. 이 남편은 참으로 멋지고, 진정으로 아내를 사랑하는 남자입니다.

아내는 가정의 꽃입니다. 그 꽃은 사랑과 존중이라는 자양분을 먹고 더욱 아름답게 피어납니다. 그리고 아내는 세상에 하나밖에 없는 보물입니다. 늘 아내의 소중함을 잊지 말고 귀하게 대해야겠습니다.

■ 평소 아내가 언제, 무슨 일을 할 때 특히 고마움을 느끼나요? 평소의 느낌을 떠올려보고, 아래에 적어보세요.

11
아들 친구들과의
특별한 추억

아들이 대학교에 다닐 때 저는 1년에 한두 번씩 아들의 학교 근처 삼겹살집에서 아들과 저녁을 함께했습니다. 그 자리에는 아들의 친구들도 초대했습니다. 무려 16명의 친구들이 함께 모여 삼겹살에 가볍게 소주 한 잔을 곁들이기도 했지요. 학교 주변 식당이다 보니 16명이 실컷 먹어도 30만 원 정도밖에 나오지 않아 큰 부담이 없었습니다. 저는 예약해둔 식당에서 아들과 아들 친구들과 함께 식사를 하며 즐거운 시간을 보내곤 했습니다. 분위기가 무르익을 때쯤이면 항상 재미난 게임을 하나 했는데, 아들 친구들이 정말 좋아했던 시간이었습니다.

그 게임은 '벌칙 게임'입니다. 3, 6, 9 게임을 하다가 숫자를 잘못 외치거나 박수를 빼먹으면 벌칙을 받아야 했습니다. 벌칙으로는 엉덩이로 이름 쓰기, 재미난 유머 이야기하기, 첫사랑 이야기하기, 장기자랑하기, 같이 게임한 친구 소원 들어주기 등이 있었습니다. 이 게임은 단순한 놀이를 넘어, 산수 실력과 눈치, 집중력이 동시에 요구되는 게임이라 더욱 재미있었습니다. 저는 회사 회식 자리에서도 팀원들과 종종 3, 6, 9 게임이나 31 게임을 즐기곤 했습니다. '31 게임'은 여러 명이 돌아가며 숫자를 말하다가 31이라는 숫자를 외치는 사람이 벌칙을 받는 게임입니다.

그렇게 아들 친구들과 하하호호 웃으며 게임과 식사를 즐겼던 것은 지금도 모두에게 좋은 추억으로 남아 있습니다. 직접 학교 근처로 찾아와 아들과 아들 친구들과 함께 식사하고 재밌게 게임을 하는 아버지는 흔치 않겠지요. 그래서인지 두 아들 모두 그때의 일을 고마워하며 잊지 못할 기억으로 간직하고 있습니다.

심지어 지금도 아들들은 이렇게 말합니다. "학교에 찾아와 친구들과 어울려준 아버지는 아버지밖에 없었다." 저 역시도 그 일을 지금 생각해도 정말 잘했다고 생각합니다. 아들의 기를 살려주고, 아버지로서 인정도 받은 일거양득의 자리였습니다.

여러분도 자녀가 대학생이라면 불시에 혹은 예고하고서라도 한번쯤 **자녀의 학교 근처로 찾아가 자녀의 친구들과 함께 식사하는 시간을 가져보시길 권합니다.** 자녀는 그 자리에서 부모의 따뜻한 사랑과 관심을 피부로 느낄 것이며, 오랜 시간이 흐른 뒤에도 그 기억은 감동적인 추억으로 남을 것입니다.

■■ 자녀들과 특별히 가까워졌다고 느끼게 한 경험이 있나요? 있다면
그 경험에 대해 적어보세요.

12 기 센 엄마의 힘

최근, 세 자녀를 모두 서울대학교에 보낸 양소영 변호사의 이야기가 유튜브 영상을 통해 소개되며 많은 이들의 관심을 모았습니다. 그녀는 "딸 둘은 서울대 경영학과, 막내는 전기공학부에 합격했다"라고 전하며, 자녀 교육에 큰 영향을 준 고마운 인물로 박혜란 교수를 언급했습니다.

여성학자이자 작가인 박혜란 교수는 가수 이적의 어머니로, 세 아들을 모두 서울대학교에 입학시켜 화제가 되었습니다. 양소영 변호사는 바쁜 변호사 업무로 자녀들에게 많은 시간을 할애하지 못했지만, 박혜란 교수의 책 『믿는 만큼 자라는 아이들』을 읽고 큰 위로와 용기를 얻었다고 합니다. 그녀는 자녀 교육의 비결로 이 책을 손꼽으며, "항상 감사한 마음으로 아이들을 키웠다"라고 말합니다. 일하는 엄마들에게 자책하는 마음보다 자부심을 가지라고 강조하는 이 책은, "엄마가 열심히 인생을 살아가는 당당한 모습이야말로 아이들에게 가장 큰 선물"이라는 메시지를 전합니다. 또한, 아이들은 사랑과 믿음만 있어도 무럭무럭 잘 자란다고 강조합니다.

필자도 이 책을 단숨에 읽었습니다. 중요한 구절마다 형광펜을 그으며 네 시간 만에 완독했고, 이후 다섯 번이나 다시 읽었습니다. 『믿는 만큼 자라는 아이들』은 자녀를 키우는 모든 엄마가 반드시 읽어야 할 필독서라 생각합니다.

양소영 변호사와 박혜란 교수의 사례를 보며, 저는 이렇게 결론 내렸습니다. 자녀에 대한 사랑과 믿음도 중요하지만, 엄마라면 결국 누구에게도 휘둘리지 않는 '기 센 엄마'가 되어야 한다는 것을요.

우리 집에도 기 센 사람이 있습니다. 바로 아내입니다. 아내는 2남 2녀 중 막내로 태어나, 어릴 적 골목대장을 자처하던 씩씩한 아이였습니다. 오빠나 언니가 누군가에게 맞고 오면, 네 남매가 우르르 달려가 응징했다는 무용담은 지금도 두고두고 가족의 얘깃거리가 되고 있습니다.

아내는 개성 강한 두 아들과 다 큰 어른 아들(저)을 포함해 세 남자를 키우느라 참으로 고생이 많았습니다. 제가 두산건설 현장소장으로 재직한 32년 중 절반인 16년을 지방 근무로 인해 떨어져 지내야 했기 때문입니다. 특히 두 아들이 사춘기일 때, 저는 지방의 초고층 주상복합 공사 현장에서 근무하느라 한 달에 한 번꼴로 서울 양천구 집에 들를 수 있었습니다. 아내는 그 시절에도 꿋꿋이 가정을 지키며 여장부답게 남편의 빈자리를 묵묵히 메웠습니다. 지금 생각해도 감사한 마음이 큽니다.

어느 주말, 큰아들이 고등학교 3학년 시절에 있었던 일입니다. 밤 11시에 학원 수업을 마치고 돌아온 아들이 식탁에 앉자마자 말했습니다. "엄마, 어제랑 똑같은 김치찌개랑 반찬이네. 수험생인데 좀 맛있는 거 해주면 안 돼?" 그러자 아내는 단호히 말했습니다. "야, 그럼 먹지 마!"

전투가 시작되려는 순간, 큰아들은 곧 조용히 식사를 시작했습니다. 일단 아내의 승리였습니다. 저는 조심스럽게 아내를 불러 기분 나쁘지 않게 조용히 말했습니다. 다음엔 그냥 "엄마가 바빠서 그랬어. 내일 맛있는 거 해줄게"라고 하면 좋겠다고요. 그리고 아들의 방에 들어가 이렇게 말해줬습니다. "엄마가 오늘 많이 바빴대. 내일은 네가 좋아하는 반찬 많이 해줄 거래. 우리 아들, 힘내자." 참, 남편이자 아버지로서의 역할은 언제나 쉽지 않습니다.

둘째가 초등학생이던 시절, 태권도 학원을 마치고 돌아오던 길에 횡단보도에서 청소 차량과 부딪히는 사고가 있었습니다. 정지 신호에도 불구하고 서두르던 차량이 횡단보도를 달려가던 아들을 친 것입니다. 당시 저는 본사 안전 팀에서 근무 중이었고, 부산 지역 현장 점검 출장을 나가 있었습니다.

필리핀 세부로 가족여행을 떠났을 때

아내의 다급한 전화를 받고 부랴부랴 병원으로 달려갔습니다. 다행히 아들은 태권도 유단자라 낙법으로 넘어지며 팔만 다치는 경상에 그쳤습니다. 아내는 침착하게 교통사고 상황을 수습하고, 주변 지인들의 도움을 받아 작은아들의 병원 입원과 보험 처리 등을 잘 마무리했습니다.

지금 두 아들은 대학교에서 기계공학을 전공하고, 군 복무 후 대기업에 입사하여 7~8년째 직장인으로 근무 중입니다. 특히 큰아들은 좋은 아내를 만나 손녀까지 안겨주며 행복한 가정을 꾸리고 있습니다. 이 모든 것은 저의 기 센 아내 덕분입니다. 아내는 양소영 변호사나 박혜란 교수보다 더 위대한 사람입니다.

■■ 가정을 지키는 사람으로서의 아내의 강인한 면을 실감한 적이 있나요? 있다면 어떤 면모였고, 어떤 경험이었는지 적어보세요.

13
중년 남자의
꾀병

유튜브에서 '경제적 문제가 생기거나 큰 병이 생겼을 때 자식에게 알려야 하는가, 아니면 비밀로 해야 하는가?'라는 설문에 대한 결과를 보았습니다. 응답에 따르면 대부분의 부모들은 자녀들이 걱정하고 상처받을까 봐 말하지 않는다고 합니다. 특히 어머니들은 자식에게 짐이 되지 않겠다는 생각이 더욱 강한 경향이 있습니다. 제 생각은 조금 다릅니다. 자식들에게 솔직히 털어놓고, 자녀들이 도움을 주겠다면 감사한 마음으로 받는 것이 옳다고 봅니다. 물론, 절대로 자녀들에게 경제적 도움을 강요하거나 부담을 주지는 않을 테지만요.

부모가 아픈 경우는 상황이 조금 더 복잡합니다. 지인 중 한 사람은 "아버지가 교통사고로 한 달간 입원했는데, 병원에 있던 의사 친구를 통해 퇴원 후에야 그 사실을 알았다"라며 마음에 상처를 받은 경험을 털어놓았습니다. 가족의 일을 제3자로부터 전해 들었을 때 느낀 소외감과 배신감은 쉽게 잊히지 않는다고 합니다. 사실 세상에 완벽한 비밀은 없습니다. 언젠가는 다 알게 되기 마련입니다. 그렇기 때문에 가족끼리는 좋은 일이든, 나쁜 일이든 공유해야 한다고 생각합니다.

필자는 교통사고를 당해 병원에 입원한 적이 있습니다. 출장 중 갑작스러운 폭설로 인해 후방 차량이 안전거리를 지키지 못하고 렌트카를 들이받은 사고였습니다. 뒷좌석에 앉아 있었기에 충격이 상당했고, 목과 허리에 큰 통증을 느껴 그날 바로 입원하게 되었습니다. 아내는 놀라서 곧장 병원으로 달려왔고, 회사 동료들은 안부 메시지를 보내왔습니다.

아내는 하루 두 번씩 병원을 오가며 세면도구와 속옷을 챙겨왔습니다. 7년 만에 병원에 입원한 저를 보며 아내도 많이 놀라고 당황한 듯 보였습니다. 평소 몸도 튼튼하고 지방 출장도 잘 다니던 남편이 병상에 누워 있는 모습을 보며 남편의 소중함을 다시 한번 느꼈을 것입니다. 두 아들도 늘 저를 슈퍼맨처럼 생각했을 겁니다. 하지만 이제 저는 60대 중년 남자입니다. 이 시기가 되면 때때로 약하고 아픈 모습도 자녀들에게 숨기지 않고 보여줄 필요가 있다고 생각합니다. 그런 모습을 보며 아내는 남편의 건강과 남편이라는 존재의 중요성을 더 실감하게 되고, 자녀들 또한 강인하기만 한 아버지가 아닌, 인간적인 연민과 사랑을 주어야 하는 존재로서 아버지를 다시 바라보게 됩니다. '아버지를 더 사랑해야겠다'라는 마음이 생기게 되는 것이죠.

가족은 기쁜 일, 좋은 일만 함께하는 존재가 아닙니다. 어려움과 아픔도 함께 나눌 때, 진정한 가족이라고 할 수 있지 않을까요? 자녀에게 부모의 건강 문제나 경제적 상황을 굳이 말하지 않는 것이 사랑이라고 생각하는 사람도 있을 수 있습니다. 그러나 진정한 사랑은 서로를 신뢰하고 어떤 일이든 공유할 때 완성된다고 생각합니다.

⁍ 배우자나 부모님의 소중함을 새삼 느낀 적이 있나요? 그 계기가 된 경험이 있다면 그 경험을 떠올려 적어보세요.

14
삶을 가볍게 하는 미니멀 라이프

요즘 미니멀 라이프가 유행입니다. 최소주의 철학을 바탕으로, 일상 속에서 물건을 최소화하여 단순한 삶을 추구하는 것을 말합니다. '심플 리빙', '심플 라이프'라는 표현으로도 알려져 있지요.

인간의 강한 소유욕은 종종 불필요한 소비로 이어집니다. 우리는 필요 이상으로 많은 물건을 사들이고, 막상 사고 나서는 물건들에 둘러싸여 어쩔 줄 몰라 합니다. 그리고 그렇게 물건들이 쌓여감으로 인해 삶의 공간은 점점 좁아지고, 마음도 복잡해집니다.

이제는 정말 필요한 물건만 신중히 선택하여 구매해야 합니다. 싸다고 대량으로 구매해 쌓아두는 일도 삼가야 합니다. 필요 없는 물건은 인정사정없이 정리해야 합니다. 버리기 아깝다면 기부하거나 이웃과 나누는 것도 좋은 방법입니다. 집안을 비우면 생활이 단순해지고, 마음도 훨씬 편안해집니다.

이웃 나라 일본은 우리나라보다 훨씬 일찍 미니멀 라이프를 실천하기 시작한 나라입니다. 지진과 태풍 등 자연재해가 잦은 특성상, 집 안의 많은 물건들이 위험 요소가 될 수 있기에 간소한 세간으로 단순하게 살아가는 삶의 방식이 자리 잡은 것입니다. 또한 수십 년간의 장기 불황을 겪으며, 물질보다 본질을 중시하는 것으로 삶의 방향을 전환하게 된 것도 미니멀 라이프의 이유가 되었다고 합니다.

미니멀 라이프 도전기

저희 집도 최근에 미니멀 라이프를 살아보기로 결심했습니다. 아내와 이야기해본 결과 '내 물건은 아내가 정리하고, 아내 물건은 내가 정리하자'라고 결론을 냈습니다. 그렇게 집안 물건의 1/3을 과감히 버렸습니다.

가장 먼저 옷장을 정리했습니다. 오래되어 낡은 옷, 탈색된 옷, 사이즈가 맞지 않는 옷들을 재활용 박스에 담았습니다. 그 결과 아내 옷의 2/3, 제 옷의 1/3이 정리되어 옷장이 거의 비어 있는 상태가 되었고, 옷장을 열 때마다 시원한 느낌이 들더군요.

다음은 아내의 강한 의지로, 제 서재를 정리하게 되었습니다. 그곳에는

미니멀 라이프를 실천한 거실 풍경

30년 넘게 모아온 책과 미니어처 술병, 기념패 등이 가득했습니다. 책을 버리는 건 정말 쉽지 않았습니다. 그래서 아내에게 제가 출근한 후에 대신 정리해달라고 부탁했습니다.

퇴근 후 집에 돌아오니, 책장의 절반이 비어 있었고, 유럽 출장, 미국 여행, 일본 연수 때 모아온 미니어처 술병 30여 개도 사라져 있었습니다. 처음엔 아쉬움과 당황스러움이 뒤섞였지만, 시간이 지나면서 그 물건들이 생각나지 않더군요. 대신, **넓어진 공간에서 느끼는 시원함과 가벼움**이 훨씬 컸습니다.

거실에서는 꽤 넓은 면적을 차지하던 테이블을 치워버렸습니다. 이는 손녀가 놀러 왔을 때 혹시라도 다치지 않게 하기 위한 사전 조치이기도 했습니다. 테이블이 사라지자 넓은 카펫이 한눈에 들어오고, 거실이 훨씬 탁 트여 보였습니다. 아내가 특히 좋아한 변화입니다.

큰아들이 사용했던 작은방의 침대도 버렸습니다. 10년 넘게 사용한 고급 침대였지만, 굳이 매트리스를 교체하며 남겨둘 필요가 없다고 판단했습니다. 침대가 사라진 방은 두 배는 더 넓어 보였고, 활용도도 높아졌습니다.

그날 정리된 물건은 화물차 1대 분량이었습니다. 가구, 책, 거실장, 미니어처 술병, 의류 등이 우리 집과 작별을 고했습니다. **불필요한 물건은 눈 딱 감고 버려야** 합니다. 내가 버리지 못하는 물건이 있다면, 가족의 손을 빌리는 것도 방법입니다. 훤히 비워진 공간을 보면 마음까지 시원해집니다. 새로운 기운이 들어오고, 생기와 활력이 생깁니다. 물건이 줄어들수록 삶의 질은 오히려 높아진다는 것, 이제야 몸소 깨닫고 있습니다.

■■ 미니멀 라이프에 도전한다고 가정하고, 집에서 버릴 만한 물건을 떠올려보세요. 그리고 그 물건들을 아래에 적어보세요.

15 부모는 어항, 자녀는 물고기

　　　　　　최근 유튜브에서 양소영 변호사가 세 자녀를 모두 서울대학교에 진학시킨 이야기가 큰 화제가 되었습니다. 그녀의 자녀 교육 방식과 교육에 대한 철학은 많은 부모들에게 귀감이 되고 있습니다. 양소영 변호사는 세 자녀가 중학교 때까지는 대치동 학원가에서 강도 높게 공부를 시켰다고 솔직히 밝혔습니다. 하지만 자녀들이 고등학교에 진학한 이후에는 그들의 선택을 존중하고, 자율적인 학습을 원칙으로 삼았다고 합니다. 자녀들이 스스로 공부하며 방향을 잡아가길 바란 것이죠.

　　그녀에게는 '잠보'라는 별명이 있습니다. 언제 어디서나 잠을 잘 자는 스타일이라고 하는데, 자녀들도 엄마를 닮아 쉽게 잠이 든다고 합니다. 그래서인지 주변에서는 "양 변호사 자녀들은 잠만 자도 서울대 간다"라고 우스갯소리도 했다고 하네요. 변호사라는 직업 특성상 시간에 쫓기고 바쁘다 보니 자녀들에게 지속적으로 잔소리를 하거나 챙기기는 어려웠을 터이지만, 그럼에도 불구하고 자식들을 믿고 맡긴 교육 방식이 주효했다고 봅니다.

그녀가 한 말 중에서 가장 인상적인 것은 다음과 같습니다. **"부모는 어항이고, 자녀는 물고기다."** 이 짧은 문장 안에 그녀가 평소에 생각하는, 자녀에 대한 **부모의 역할과 태도**가 고스란히 담겨 있습니다. 그녀는 다섯 가지 중요한 의미를 담아 이렇게 조언합니다.

첫째, 어항은 안전한 공간입니다. 부모는 자녀라는 물고기가 **안심하고 자랄 수 있는 어항**이 되어야 합니다. 바깥세상의 위험으로부터 보호해주는 존재, 자녀가 기대고 쉴 수 있는 안식처가 바로 부모입니다.

둘째, 어항은 클수록 좋습니다. 작은 어항보다는 큰 어항이 더 많은 공간과 자유를 제공합니다. 부모도 마찬가지입니다. **스스로 끊임없이 배우고 성장하려는 부모**야말로 자녀에게 긍정적인 영향을 줍니다. 아이들은 맛있는 것을 사주는 부모보다, **열심히 공부하고 자기 계발을 하는 부모를 더 존경**한다고 합니다.

셋째, 어항의 재질은 중요하지 않습니다. 어항이 유리든, 크리스털이든, 금으로 도금된 것이든 중요하지 않습니다. 중요한 것은 비바람과 태풍에도 끄떡없이 버텨주는 단단함입니다. 부모의 외적인 조건보다 늘 자식을 품어주는 안정감이 더 중요합니다.

넷째, 어항 속 물고기에게는 산소와 먹이가 필요합니다. 물고기도 신선한 산소와 먹이가 있어야 건강하게 자랍니다. 자녀도 마찬가지입니다. 한결같은 **사랑과 믿음, 실수에 대한 포용**이 아이를 성장시킵니다. 실패해도 괜찮다고 말해주는 부모, 끝까지 믿어주는 부모가 아이에게는 가장 큰 힘이 됩니다.

다섯째, 어항 속 물은 잘 갈아줘야 합니다. 아무리 맑은 물도 시간이 지나면 혼탁해지고 정화가 필요하듯 **아무리 좋은 환경이 주어진다고 해도 아이는 답답함을 느낄 수 있습니다.** 아이도 때때로 공부를 멈추고 **마음을 비워야 하고**, 쉼과 재충전이 필요합니다. 스트레스를 해소할 수 있는 여백이 있어야 다시금 좋은 생각과 창의력이 떠오르기 마련입니다.

이처럼 '부모는 어항이고 자녀는 물고기'라는 비유에는 무척 아름답고도 실용적인 자녀 교육 철학이 담겨 있습니다. 자녀로 하여금 무조건적인 복종이나 통제가 아닌, 믿음과 존중 속에서 자라나게 하는 것, 그것이 진정한 부모의 역할이라는 생각이 듭니다.

■■ 현재 당신은 자녀들에게 어떤 어항인 것 같다고 생각되나요? 당신이 되고 싶은 부모의 모습은 어떤 모습인지 생각해보고, 아래에 적어보세요.

16 가장 소중한 선물

강의를 똑소리 나게 잘하기로 유명한 황창연 신부님에게 어느 날 누군가 이런 질문을 던졌습니다. "자식에게 부모가 줄 수 있는 최고의 선물은 무엇일까요?" 그에 대한 신부님의 대답은 의외였습니다. "내 발로 마지막까지 화장실에 가는 것." 정말 백번 맞는 말입니다.

부모는 자식을 키우며 아이의 대소변을 더럽다고 여기지 않고 기꺼이 치워줍니다. 하지만 부모가 병석에 눕게 되면, 자식들은 대소변 처리를 하는 것을 힘들어합니다. 그러니 모두 자신의 건강을 잘 돌봄으로써, 특히 하체 운동을 통해 **죽는 날까지 스스로 화장실에 갈 수 있는 체력을 유지해야 한다**고 신부님은 강조했습니다. 자존감과 품위, 그리고 자식에 대한 마지막 배려가 모두 담긴 말입니다.

반대로, 자식이 부모에게 드릴 수 있는 최고의 선물은 무엇일까요? 용돈, 선물, 웃음, 밝은 표정, 따뜻한 안부 인사…. 그중에서도 사랑이 담긴 마음을 표현하는 **작은 선물은 부모에게 큰 기쁨**을 줍니다.

몇 해 전 어버이날, 은근한 기대를 품었습니다. 그러나 거실 한가운데 놓인 건 달랑 카네이션 한 송이뿐이었습니다. 아무리 집안을 둘러봐도 용돈 봉투나 선물은 보이지 않더군요. 실망감이 밀려왔습니다. 조용히 아내에게 물었습니다. "혹시 애들이 뭐 따로 준 거 없어?" 아내는 담담히 대답했습니다. "응, 카네이션이 전부야." 그 말을 듣고 곧바로 두 아들에게 문자를 보냈습니다.

"사랑하는 아들아, 예쁜 카네이션 너무 고맙다. 한 가지 부탁이 있다. 내년 어버이날에는 작은 선물도 함께 주면 좋겠구나. 비싼 거, 대단한

아들에게 받은 카네이션과 카드

거 바라는 거 아니다. 우리 아들의 마음이 담긴 선물이면 충분해." 잠시 후, 큰아들에게서 답장이 도착했습니다. "죄송해요, 아빠. 저희는 부모님이 꽃만 좋아하시고 선물은 그다지 받고 싶어 하지 않는 줄 알았어요. 내년부턴 꼭 준비할게요!" 다음 해 어버이날에는 카네이션과 함께 용돈 봉투와 작은 선물까지 받았습니다. 작은 변화였지만, 부모로서 느끼는 감동은 컸습니다.

선물은 마음의 전달입니다. 그렇기에 선물을 받았을 때는 고맙다는 표현을 잘 하는 것도 중요하다고 생각합니다. 자녀에게 선물을 받으면 부모는 반드시 "정말 좋구나!", "너무 고맙다!", "내 마음에 쏙 들었어!" 같은 표현을 풍부하게 해주어야 합니다. 어느 정도 과장된 리액션은 자녀가 더 기쁜 마음으로 부모에게 선물하게 만드는 원동력이 됩니다. 반면 "이런 것 사지 말고 네 돈 아껴라"라고 하면, 아이들은 그 말을 곧이곧대로 믿고 다시는 부모에게 선물을 하지 않습니다. 부모가 선물 받는 걸 싫어하는 줄 알고 말이지요.

■■ 이제껏 자녀에게 받았던 선물 중 가장 기억에 남는 선물을 적어보세요.

17
아내에게 칭찬을 아끼지 말자

한국 남자, 그중에서도 특히 경상도 남자들은 칭찬에 인색하다는 평이 많습니다. 무뚝뚝한 말투와 과묵한 성격. 이런 것들이 우리 사회에서 '남자다움'으로 통하던 시절이 있었습니다. 하지만 세상이 변했고, 말 한마디가 천 냥 빚을 갚는다는 속담처럼, 이젠 따뜻한 말이 사람을 살리고 관계를 지키게 해주는 시대입니다.

누군가를 처음 만났을 때, 우리는 자주 상대방의 나이를 묻거나 맞히곤 합니다. 대부분의 사람들은 있는 그대로 솔직하게 이야기하지만, 저는 추측되는 나이보다 5살 정도 어리게 이야기해줍니다. 그저 단순한 말 한마디지만, 상대방은 그 말을 듣고 기분이 확 좋아집니다.

아내의 질문 한마디

어느 날 퇴근 후 아내가 묻습니다. "여보, 나 뭐 바뀐 거 없어?" 이 질문에 대한 대답을 하는 때는 남편의 운명을 가르는 순간입니다. 정신을 바짝 차리고, 아내를 쳐다보고 위아래로 빠르게 스캔해야 합니다. 이 순간, 말 한마디만 잘하면 평생 따뜻한 밥을 먹고 살 수 있습니다. 이럴 때 남편이 기억해야 할 네 가지 변화가 있습니다.

1. 아내가 살이 빠졌을 가능성
2. 헤어스타일이 바뀌었을 가능성
3. 피부가 좋아졌을 가능성
4. 새 옷을 입었을 가능성

이 중 아무것도 발견하지 못했더라도, 무조건 이렇게 말해보세요. "응, 오늘 당신 얼굴이 10년은 젊어 보여!" 이 말 한마디면 모든 것이 해결됩니다. **아내는 자신이 특별히 사랑받고 있다는 느낌**을 받게 됩니다. 그런 작은 감정이 쌓이면, 그것이 곧 **가정의 행복**으로 이어집니다.

부부 사이의 칭찬

현대 사회의 바쁜 일상 속에서 우리는 종종 가장 가까운 사람에게 말 한마디 하는 것에 인색할 때가 많습니다. 아내에게 "오늘도 고생했어", "당신이 있어서 우리 집이 천국이야" 같은 **칭찬 한마디가 아내의**

피곤한 하루를 달래주고, 아이들과의 전쟁 같은 일상 속에서 **지친 마음을 위로합니다.** 때로는 유행가 가사처럼 이렇게 외쳐보세요. "당신이 최고야! 당신이 최고야!"라고요. 그 한마디에 아내는 다시 힘을 얻고, 미소를 짓게 됩니다.

아내는 슈퍼우먼

아내는 정말 슈퍼우먼입니다. 결혼하고 임신, 출산, 육아, 집안일에 회사 일까지…. 하루 정도 손녀를 돌보고 나서 저는 인정할 수밖에 없었습니다. '이건 정말 쉬운 일이 아니구나!'

하루 일과가 끝난 후, 저녁 시간에 아내에게 이렇게 말해보세요. "여보, 오늘도 힘들었지? 당신이 자랑스러워." 이 짧은 한마디가 아내에게 **존중받고 있다는 느낌, 자기 역할을 인정받았다는 기쁨**을 선사합니다. 하루 종일 지쳤던 몸과 마음을 회복시켜주는 한마디이죠.

칭찬은 아내에게 산소 같고, 때로는 햇살처럼 작용합니다. 매일 똑같은 무심한 일상 속에서도 부부 간의 신뢰와 사랑을 회복시켜주는 최고의 선물이고요. 오늘부터, 아니 지금 이 순간부터 세상에 하나뿐인 소중한 아내에게 사랑스러운 표정으로 칭찬 한마디 건네보세요. "당신 얼굴이 오늘따라 환해 보여", "당신 없이는 하루도 못 살겠어." 이런 말 한마디 한마디가 가정을 더 따뜻하게, 더 단단하게 만들어줄 것입니다.

■■ 아내를 기분 좋게 해줄 수 있는 칭찬거리를 한번 생각해보고, 아래에 적어보세요.

18
부모와 자식은 전생에 원수?

가끔 이런 생각이 듭니다. '부모와 자식은 정말 전생에 철천지원수였나?' 서로 쉽게 싸우고, 또 금방 화해하고, 그러다 또다시 티격태격…. 부모는 자식 때문에 애가 타고, 자식은 부모 때문에 속이 상합니다. 하지만 이런 복잡한 감정 속에서도 **부모는 자녀에게 가장 중요한 존재입니다**. 특히 자녀가 인생의 역경이나 큰 어려움에 부딪힐 때 부모는 든든한 방패막이가 되어 주어야 합니다. 성인이 될 때까지 부모의 그늘은 자녀에게 가장 안전한 울타리입니다. 그리고 그 울타리 안에서 자란 아이는 자라서 부모를 존경하고 존중하는 어른이 됩니다.

소아청소년정신과 전문의 오은영 박사는 **부모가 자녀와 대화할 때 특히 주의해야 할 점들**을 다음과 같이 조언합니다.

첫째, 자녀의 가슴에 못을 박는 말은 금물입니다. 아무리 화가 나더라도 "내가 너 낳지 말걸 그랬어", "내가 너 때문에 이렇게 힘들어졌다" 같은 말은 절대 해서는 안 됩니다. 아이들은 자라면서 늘 이런 생각을 하거든요. '나는 축복받으며 태어난 존재였을까?', '내가 태어났을 때 부모는 기뻐했을까?' 그런 아이에게 **부모가 무심코 내뱉는 부정적인 말 한마디는 평생 지워지지 않는 상처**가 됩니다. 성인이 되어 정신과 상담을 받는 이들 중 많은 이들이 부모의 그런 말 한마디에 울음을 터뜨리며 마음속 깊숙이 자리 잡은 트라우마를 고백한다고 합니다. 그만큼 부모의 말은 아이에게 강력한 영향을 줍니다.

둘째, 완벽한 부모는 없다. 세상에 완벽한 부모는 존재하지 않습니다. 처음 부모가 되어보는 것이니 실수도 당연히 하기 마련입니다. 단, **실수를 했을 때는 부모가 아이에게 솔직하게 사과할 수 있어야 합니다.** "아들, 미안해", "우리 딸, 많이 속상했지? 엄마가 미안해." 하지만 많은 부모들이 자녀에게 사과하기를 어려워합니다. 체면도 떨어지는 것 같고, '내가 왜 사과해야 하지?' 싶은 마음도 있을 것입니다. 그래서 부모가 먼저 배워야 합니다. 좋은 부모가 되기 위한, 대화하는 방법과 공감하는 방법을 공부해야 합니다.

셋째, 표현은 사랑의 실천입니다. 자녀가 준비한 선물을 받을 때, 선물의 가격보다 거기에 마음이 담겼다는 사실을 더 중요하게 여겨야 합니다. "고맙다", "너무 예쁘다", "마음이 참 예쁘네" 같은 따뜻한 말로 **감사의 표현**을 꼭 전해야 합니다. 또한 자녀가 학교나 회사에서 성과를 내거나 상을 받았을 때, 조촐하게라도 축하해주어야 합니다. 온 가족이 함께 식사하며 자녀의 기쁨을 나누는 것. 그 자체만으로도 자녀에게는 평생 잊지 못할 추억이 됩니다.

 부모와 자식 간의 갈등은 때론 아프지만, 그 갈등 속에는 언제나 사랑이라는 것이 깔려 있습니다. 하지만 그 사랑이 잘못된 표현이나 침묵으로 가려진다면, 상처가 되고 오해가 되고 결국 거리감이 생깁니다. 그러니 오늘부터라도, **자녀에게 따뜻한 말 한마디, 진심 어린 사과, 축하와 격려의 박수**를 아끼지 마세요. 그럼으로써 조금씩 우리의 가정은 더 단단해지고, 더 따뜻해질 수 있습니다.

■■ 자녀에게 미안하다고 솔직하게 이야기한 적이 있나요? 있다면 그 경험에 대해 적어보세요.

19 박사 학위의 가치

박사 학위는 왜 중요할까요? 단순히 학문적인 성취감을 느끼는 것을 넘어 삶을 바꾸는 강력한 도구가 될 수 있기 때문입니다. 다음은 제가 생각하는 박사 학위의 가치와 필요성입니다.

첫째, 공부하는 부모는 자녀에게 최고의 롤 모델입니다. 늘 강조하는 것이지만, 자녀들이 가장 존경하는 부모는 공부하는 부모입니다. 요즘은 많은 대학에서 주말 수업, 2~4년 단기과정을 통해 석박사 학위를 취득할 수 있도록 프로그램을 운영하고 있습니다. 하지만 많은 사람들이 '과연 내가 수업을 듣고 논문을 써낼 수 있을까?' 하는 막연한 두려움 때문에 도전을 포기합니다. 주말의 소중한 여가 시간, 친구들과의 약속, 가족과의 여행…. 이 모든 달콤한 유혹을 이기지 못하면 계획은 미뤄지고, 도전은 멈춰집니다. 그러나 실제로 학교에 입학한 이들은 결국 학위를 취득합니다. 가장 중요한 것은 '입학하는 것', 즉 도전의 첫 걸음을 내딛는 것입니다.

둘째, 직업적 전문성과 경쟁력을 위한 필수 조건입니다. 현재 국토교통부, LH공사, 경기도, 각 지방자치단체에서는 **안전·시공·품질 분야 기술심의위원을 선정할 때 박사 학위 소지 여부**를 중요한 기준으로 삼고 있습니다. 과거에는 기술사 자격만으로도 충분했지만, 지금은 경쟁이 워낙 치열해져 **학력과 전문성 모두를 갖춘 인재**가 선호됩니다. 저는 현재 국토부, 한국도로공사, 철도공단, 서울시, 경기도, 하남시, 파주시, 광주시, 평택도시공사, 부산도시공사, 남양주시 등 21개 정부기관의 기술심의위원으로 위촉되어 있습니다. 이는 기술사 자격뿐만 아니라 박사 학위가 있었기에 가능했던 일입니다. 또한, 기술위원 활동은 다양한

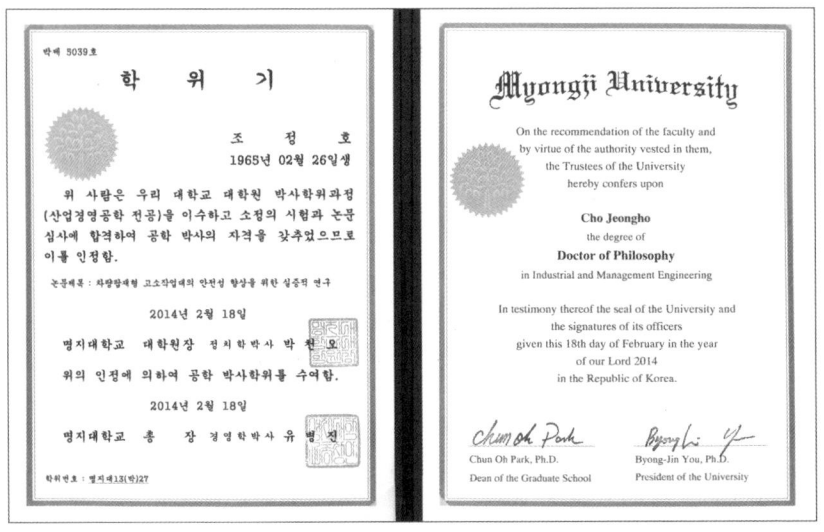

필자의 박사 학위 증명서

전문가들과 교류하며 지식의 폭을 넓히는 기회이기도 합니다.

셋째, 자녀의 미래에 직결될 수도 있습니다. 박사 학위는 부모 자신을 위한 것인 동시에, 자녀의 미래에도 영향을 미칩니다. 주위에서 본 실제 사례가 있습니다. 지인의 아들이 미국의 한 주립대 박사 과정에 장학생으로 선발되었습니다. 최종 합격이 되면 생활비 포함 약 30만 달러(약 4억 원) 상당의 장학금도 받을 수 있는 기회였습니다. 면접을 보러 갔는데 다음과 같은 질문이 나왔다고 합니다. "지원자의 부모 중 박사 학위 소지자가 있습니까?" 마침 지인은 5년 전 저의 권유로 어렵게 박사 과정을 마친 상태였습니다. 아버지의 박사 학위로 인해 아들이 커다란 행운을 얻은 것입니다. 이처럼 **부모의 학력은 자녀의 진로에도 직간접적으로 영향을 미칩니다.**

가장 늦었다고 생각한 때가, 가장 **빠른** 때일 수 있습니다. 4년이면 석박사 학위, 2년이면 박사 학위까지도 취득할 수 있습니다. 지금의 한 걸음이 미래를 바꾸는 시작이 될 수 있습니다. 자녀에게 존경받는 부모가 되고, 스스로를 위해 자존감과 명예를 얻고, 사회에서는 전문가로 우뚝 서보세요. 공부는 우리를 다시 뜨겁게 만들어주는 불씨입니다. 나이 탓 하지 말고, 지금 당장 도전해보시기 바랍니다.

■■ 아직 실천하지 않은 자기 계발 계획이 있나요? 어떤 계획인지 아래에 적어보세요.

_____
_____
_____
_____
_____
_____
_____
_____
_____
_____
_____
_____
_____
_____

20 부부 싸움 하는 요령

 세상에 부부 싸움 없이 사이좋게 지내는 가정은 드뭅니다. 통계에 따르면, 우리나라 부부 세 쌍 중 두 쌍이 한 달에 한 번 이상 크고 작은 싸움을 한다고 합니다. 부부 싸움은 많은 가정에서 자주 반복되는 일상적인 문제입니다. 연애할 때는 서로 없으면 못 살 만큼 애틋했던 남녀가 왜 결혼 후엔 미친 듯이 싸우게 되는 걸까요? 참으로 흥미로운 연구 주제가 아닐 수 없습니다.

 부부 싸움의 주요 원인은 두 사람이 서로 다른 환경에서 살아온 데서 기인한 성격 차이, 생활 습관 차이, 경제적 문제, 그리고 자녀 양육 문제 등입니다. 원천적으로 부부 싸움을 피할 수 없다면, 이왕 싸워야 한다면 어떻게 해야 현명하게 싸울 수 있을까요? 다음은 부부 싸움을 '잘'하는 방법입니다.

첫째, 자녀가 보는 앞에서는 절대 싸우지 마십시오. 자녀가 있는 가정에서는 무조건 집에서 싸우지 않는 것이 중요합니다. 부부 싸움이 잦은 가정에서 자란 아이는 우울증에 걸릴 확률이 높다고 합니다. 또 부모의 다툼을 반복해서 목격한 아이는 성인이 되어 결혼을 기피하는 경향도 있습니다. 만약 꼭 싸워야 한다면 조용한 카페나 외부 공간에서 조용한 목소리로 서로의 불만이나 요구 사항을 차분하게 이야기하는 것이 좋습니다. 자녀가 모르게 부부 간의 문제를 풀어나가는 것이 현명한 부모의 자세입니다. 가정은 전쟁터가 되어서는 안 됩니다. 천국 같은 평온함과 행복이 깃든 공간이 되어야 합니다.

둘째, 자존심을 건드리는 말은 절대 삼가세요. 부부 싸움은 때로는 아주 간단히 끝날 수 있는 일입니다. 그러나 막말 한 마디가 싸움을 며칠씩 지속되게 만듭니다. 아무리 화가 나더라도, 욱하는 마음에 심한 욕설이나 배우자의 자존심을 상하게 하는 말을 하는 것은 절대 금물입니다. 상대방을 자극하는 언행은 싸움을 더욱 악화시킬 뿐이니까요.

셋째, '사실'에 근거해서 말하세요. 부부 싸움은 대개 아주 사소한 일에서 시작됩니다. 예를 들어, 치약을 중간부터 짜는 것, 신었던 양말을 세탁기 앞에 아무렇게나 던져놓는 것, 혹은 좌변기 주변을 오염시키는 것 등입니다. 이러한 일에 대해 불만을 말할 때는 반드시 '사실'을 중심으로 이야기하고, 개선을 요구하는 방식으로 접근해야 합니다. 싸움 도중에는 주제를 벗어난 이야기로 논쟁이 커지는 일이 많은데, 이는 피해야 합니다.

넷째, 아이가 보는 앞에서 싸웠다면 반드시 사과하세요. 부득이하게 자녀가 싸우는 것을 봤다면 반드시 나중에 아이에게 엄마 아빠의 다툼이 끝났다고 알려주면서 진심 어린 사과를 전해야 합니다. 아이들은 아직 정서적으로 미성숙하기 때문에 부모의 갈등을 자주 보면 매우 불안해집니다. 아이에게 "너도 친구랑 가끔 다투지? 엄마, 아빠도 잠깐 의견이 달라 다툰 거야. 지금은 화해했단다. 미안해"라고 말하며 안아주는 것이 좋습니다.

다섯째, 감정이 격해질 땐 '휴전'이 필요합니다. 싸움 도중 감정이 격해졌다면, 5분이라도 잠시 서로 떨어져 감정을 정리하는 시간을 가지세요. 각자 조용한 공간으로 가서 무엇 때문에 싸우는지, 해결 방안은 무엇인지, 왜 이렇게 화가 나는지를 스스로 점검해보는 것이 중요합니다. 가벼운 산책을 하는 것도 좋은 방법입니다. 찬 바람을 맞으며 동네를 한 바퀴 돌다 보면 격해진 감정이 가라앉고, 보다 현명하고 이성적인 판단을 내릴 수 있습니다.

결론적으로 부부 싸움을 덜 하기 위해서는 상대방의 성격과 습관을 있는 그대로 인정하고, 고치려 하지 말아야 합니다. 서로의 다름을 받아들이고, 배우자를 이기려 하기보다 조금씩 양보하는 자세가 필요합니다. 그렇게 함께 노력해나간다면 더 평화롭고 행복한 가정을 만들어갈 수 있을 것입니다.

■■ 현명하게 부부 싸움을 하는 요령에는 또 어떤 것이 있을까요? 생각해보고 아래에 적어보세요.

21
결혼은 빠를수록 좋다

최근 들어 혼인율이 상승하고, 비록 미미하긴 하지만 출산율도 소폭 증가하고 있다는 뉴스를 들었습니다. 확실히 2023년보다 2024년에 축의금을 더 많이 낸 걸 보면, 그 변화를 피부로 느낄 수 있었습니다.

제 34세 큰아들은 2021년 4월에 결혼했고, 32세 작은아들은 2026년에 결혼할 예정입니다. 큰아들은 서른 살에 결혼해, 결혼 3년 만에 정말 너무도 소중하고 귀여운 손녀까지 안겨준 효자입니다. 이제 작은아들만 2026년에 결혼을 하면, 저희 부부는 두 아들로부터 완전히 독립을 선언받는 셈입니다.

최근 남양주 수동 텃밭에 다녀오는 길에 라디오를 들었습니다. 직장에 다니고 있는 한 30대 여성이 결혼을 망설이고 있다는 내용이었습니다.

그녀의 결혼한 친구들은 "너는 절대로 결혼하지 마. 부부가 10년쯤 같이 살면 사랑은 없어. 그저 정으로, 의리로 살아가는 거야"라며 결혼을 강하게 말린다고 합니다. 여성들은 자녀를 임신·출산·양육하며 일도 해야 하고, 시댁도 챙겨야 하니 결혼은 하지 않는 것이 좋다는 주장도 했다고 하고요. 그런데 이는 너무나 단편적이고 편협한 생각입니다.

심리학자들에 따르면, 결혼 생활에는 분명 힘든 점도 있지만 아이를 키우며 느끼는 무한한 행복감, 언제나 내 편이 되어주는 든든한 배우자가 있다는 안정감도 함께 존재한다고 합니다. 그런데 이상하게도 기혼 여성들은 미혼 친구에게는 결혼의 긍정적인 면보다는 부정적인 면만 강조하는 경우가 많습니다. 이는 단순한 질투심에서 비롯된 것일까요? 아니면 진심으로 친구를 위한 조언일까요? 연구가 필요할 정도입니다.

저는 직장 후배들이나 지인 중 결혼하지 않은 사람들에게 항상 이렇게 말합니다. "무조건 빨리 결혼하는 것이 좋다." 그 이유는 다음과 같습니다.

첫째, 결혼은 부모에게 해드릴 수 있는 가장 큰 효도입니다. 부모는 자기 눈에 언제나 아이로만 보이던 자식이 제 짝을 만나 독립된 가정을 꾸려 의젓하게 살아가는 것을 보면 부모로서 할 일을 다 한 것 같은 느낌을 받습니다.

둘째, 결혼을 하면 저축을 하기에 좋습니다. 미혼일 때는 자기 한 몸만 책임지면 되니 저축할 필요를 잘 못 느껴 돈 모으기가 쉽지 않습니다. 그런데 결혼을 하면 생활비가 절감되어 아무래도 저축액이 늘어납니다. 또한 운명 공동체인 배우자를 책임져야 하고, 앞날도 대비해야 한다는 생각에 정신이 바짝 들어 저축을 하게 됩니다.

셋째, 생활 전반에서 편안함과 안정감을 느낄 수 있습니다. 영원한 내 편이 생긴다는 사실은 결혼 후 삶을 살아가는 데 있어서 더없이 크고 든든한 힘이 됩니다. 혼자 있을 때보다는 정서적으로 안정되기가 쉽지요.

넷째, 새로운 인간관계가 생깁니다. 결혼은 두 사람만의 일이 아닙니다. 결혼을 함으로써 가족과 가족이 연결되고 사회적 관계가 넓어집니다. 이로써 세상을 보는 시각과 이해의 폭이 넓어지는 경험을 할 수 있습니다. 결혼 전에는 '나'만 염두에 두고 세상을 살아간다면, 결혼 후에는 결혼을 통해 맺게 된 수많은 인간관계 속에서 사고하고 행동하게 됩니다. 때로는 내가 그들에게 도움과 애정을 주어야 하고, 때로는 그들이 내게 도움과 애정을 주기도 합니다.

다섯째, 세상에서 가장 소중한 존재인 아이가 생깁니다. 아이가 태어난 순간에는 마치 세상을 다 가진 듯한 기쁨을 느낄 수 있습니다. 그 정도로 자식은 부모에게 세상 그 무엇과도 바꿀 수 없는 특별한 존재입니다. 저는 26세에 결혼해서 27세에 큰아들, 29세에 둘째 아들을 낳아 길렀습니다. 큰아들은 결혼해 보석보다 더 귀한 손녀를 제게 안겨주었습니다. 저는 고향 친구나 대학 동기들보다 확실히 손주를 일찍 본 편인데, 주변 선후배들이 무척 부러워합니다. 자식도 자식이지만 손주는 또 얼마나 큰 행복을 안겨주는지요.

철학자 소크라테스는 이렇게 말했습니다. "결혼하는 편이 좋은가, 아니면 하지 않는 편이 좋은가를 묻는다면, 나는 어느 쪽이든 후회할 것이라고 대답하겠다." 이왕 후회할 거라면, 결혼하고 후회하는 편이 더 낫지 않을까요? 결혼은 나를 낳아준 부모에게 할 수 있는 최고의 효도이고, 소중한 생명을 통해 사랑을 확장해가는 과정을 선물해주기도 하는 가치 있는 선택입니다. 인생에서 이보다 더 의미 있는 일이 또 있을까요?

■■ 자녀들을 언제 출가시키면 좋을지 생각해본 적이 있나요? 그 시기를 생각해보고, 아래에 적어보세요.

22 동물에게서 배우는 책임감

어느 날 우연히 어떤 TV 다큐멘터리 프로그램을 보았습니다. 강원도 깊은 산골에서 동물들과 오손도손 사이 좋게 지내는 한 할머니가 주인공이었습니다. 그 집에는 강아지, 오리, 닭, 병아리, 고양이 등 다양한 동물들이 함께 살아가고 있었습니다. 강아지는 어릴 때부터 키운 진돗개이고, 고양이들은 동네에서 떠돌던 길고양이들이었습니다. 닭들은 병아리가 자라 또 병아리를 낳으며 대가족을 이루었고, 오리들도 마찬가지였습니다. 저는 그 프로그램을 보면서 특히 수탉의 책임감과 가족을 향한 사랑에 깊은 감동을 받았습니다. 할머니가 닭들에게 먹이를 주면, 병아리부터 그것을 먹습니다. 그 다음엔 암탉들이 식사를 시작합니다. 그동안 수탉은 주변을 맴돌며 침입자가 다가오지 않도록 경계합니다. 병아리와 암탉의 식사가 모두 끝나야 비로소 수탉은 밥을 먹기 시작합니다.

다른 프로그램에서 본 수컷 펭귄도 눈물겨운 부성애를 지니고 있었습니다. 수컷 펭귄은 자신의 새끼를 위해 체중이 8~10kg이나 빠질 정도로 혹독한 시련을 견딥니다. 보통 펭귄은 일생 동안 한 마리의 짝과 함께하며, 특이하게도 수컷이 알을 품습니다. 펭귄 중에서도 황제펭귄은 가장 큰 몸집을 가진 펭귄으로, 새끼에 대한 사랑이 남다릅니다. 암컷보다 몸집이 큰 수컷은 알을 품는 몇 달 동안 거의 아무것도 먹지 못하고 눈만 먹으며 영하 60도의 강추위 속에서도 체온을 유지합니다. 수백 마리의 수컷 펭귄들이 몸을 밀착해 원을 이루고 서로 자리를 바꾸는 '허들링'을 통해 알을 보호한다고 하더군요. 이 과정에서 일부 펭귄들은 동사하기도 한다고 하니, 너무나도 가슴 아픈 일입니다. 알이 부화한 뒤에는 수컷이 위 속의 소화된 먹이를 토해 새끼에게 먹입니다. 이때 암컷은 수심 500m 넘는 깊은 바다로 들어가 크릴새우나 오징어 등을 사냥해 돌아옵니다. 암컷 역시 자신의 먹이를 토해 새끼를 먹이고, 그제야 수컷이 다시 사냥을 위해 바다로 나갑니다. 수컷 펭귄과 암컷 펭귄이 교대로 목숨을 걸고 자식을 키우는 모습은 감동 그 자체였습니다.

늑대를 보고도 저는 큰 감명을 받았습니다. "늑대 같은 남자를 조심해라"라는 말을 흔히 할 정도로 늑대는 음흉하고 위험한 동물이라는 이미지가 있지요. 그러나 동물의 세계에서 수컷 늑대는 실제로 가장 가정적인 동물 중 하나입니다. 수컷 늑대는 오직 한 마리의 암컷과 평생을 함께하며, 동굴 속에서 새끼들과 지냅니다. 수컷 늑대가 아침 일찍 가족의 식사를 위해 사냥을 나설 때, 암컷은 동굴 입구까지 나와 배웅을 합니다. 수컷 늑대가 하루 종일 들짐승을 사냥하고 무사히 돌아오면, 암컷 늑대는 수컷 늑대의 입 주위를 핥으며 반가움을 표현합니다. 수컷 늑대가 사냥한 먹이를 토해 새끼에게 먼저 먹이고, 암컷이 새끼가 남긴 것을 먹습니다. 가족을 위해 헌신하고 책임을 다하는 늑대의 모습은 인간에게 많은 교훈을 줍니다.

사람이 아닌 동물로부터도 우리는 **책임감, 희생, 배려, 사랑**이라는 인간의 중요한 가치를 배울 수 있습니다. 그들의 삶을 통해 우리도 가족과 이웃에 대해 더 따뜻한 마음과 책임 있는 자세를 가져야 함을 느낍니다.

■■ 가족에게 헌신하는 책임감 강한 동물들의 예를 더 찾아보고, 아래에 적어보세요.

23 아버지라는 이름

TV에서는 '엄마의 위대함', '엄마의 희생', '어머니께 감사하자' 등의 주제로 다큐멘터리 프로그램을 자주 방송합니다. 어떤 방송에서 산속 바위틈에 새끼를 낳은 어미 개가 한겨울 찬 바람을 맞으며 수십 분을 달려 주택가로 내려와 먹이를 구해 다시 새끼에게 돌아가는 모습을 보았습니다. 누구나 당연히 감동할 만한 모습입니다. 온 세상이 모성애를 찬양하는 것만 같습니다.

하지만 아버지에 대한 프로그램은 좀처럼 보기 어렵습니다. 가족을 위해 음지에서 묵묵히 헌신하고 희생하는 아버지의 모습을 조명하는 프로그램은 정말 드뭅니다. 저 역시 한 사람의 아버지로서, 이런 현실이 많이 서운합니다. 아버지들의 땀과 눈물, 힘겨운 노동이 있었기에 많은 가정이 존재하는데도, 사회는 여전히 아버지의 소중함을 잊고 있는 듯합니다.

아버지라고 항상 강건하지는 않습니다. 그러나 자식들은 이 사실을 잘 모릅니다. 대개 자녀들은 아버지보다 어머니를 더 잘 챙깁니다. 엄마는 늘 곁에서 보살펴주고, 먹이고, 입히고, 키워주니 고마움을 실감할 수 있지만, 아버지는 새벽같이 출근하고 자식들이 잠든 밤에야 퇴근하니 존재 자체가 희미해질 수밖에 없습니다. 그래서 자식들에게 아버지는 그냥 묵묵히 돈 벌어오는 사람, 또는 '일벌레'로만 보이기도 합니다. 참으로 가슴 아픈 현실입니다.

몇 해 전, 유튜브에서 '아버지는 누구인가?'라는 제목의 영상을 본 적이 있습니다. 그 영상에서는 아버지에 대해 이렇게 표현하더군요.

- 아버지란, 기분이 좋을 땐 헛기침을 하고 겁이 날 땐 너털웃음을 짓는 사람이다.
- 아버지란, 자녀의 성적이 기대에 못 미쳐도 겉으로는 "괜찮아"라고 하고, 속으로는 화가 나는 사람이다.
- 아버지의 마음은 먹칠한 유리로 되어 있다. 잘 깨지진 않지만, 속이 잘 보이지도 않는다.
- 아버지는 울 만한 장소가 없기에 슬픈 사람이다.
- 아버지가 아침 식탁에서 급히 일어나 향하는 곳(그곳을 직장이라 부른다)은, 즐거운 일만 기다리는 곳이 아니다.
- 아버지는 매일매일 피로, 끝없는 업무, 직장 상사로부터 받는 스트레스라는 '머리 셋 달린 용'과 싸운다.
- 아버지란, 자신이 아버지 노릇을 잘하고 있는지, 정말 아버지다운지

자책하는 사람이다.
- 자녀가 늦게 들어올 때, 어머니는 열 번 말로 걱정하지만 아버지는 열 번 현관문을 바라본다.
- 아버지의 최고 자랑거리는 자식이 남에게 칭찬받는 것이다.
- 아버지는 자식에게 멋진 교훈을 말하면서도, 자신이 모범이 되지 못함을 늘 미안해한다.

영상을 보고 저는 가슴이 뭉클해졌고, 고향에 계신 아버지가 떠올랐습니다. 저희 아버지는 3년 전에 어머니를 먼저 떠나보내고 지금은 혼자 작은 아파트에서 생활하고 계십니다. 저는 서울에서 가족과 함께 지낸다는 핑계로 자주 찾아뵙지 못합니다. 가끔 지방 출장 중 아버지를 뵙고 식사를 함께할 때, 아버지께서는 너무 기뻐하십니다. 그 모습을 보고 저는 늘 반성하게 됩니다. 앞으로 아버지와 함께할 날이 얼마나 남았을지 알 수 없기에, 더욱더 죄송하고 마음이 아픕니다.

육군 소위 계급장을 달아주시는 아버지

영상 속에서 본 다음 문장이 평생 잊혀지지 않을 것 같습니다. "아버지란, 돌아가신 뒤에도 두고두고 생전에 하셨던 말씀이 생각나는 사람이다. 아버지란, 돌아가신 후에야 보고 싶은 사람이다. 아버지란, 뒷동산의 바위 같은 이름이다. 시골 마을 느티나무 같은 크고 든든한 이름이다."

■■ 아버지와 함께한 특별하거나 잊히지 않는 기억이 있나요? 그 기억을 아래에 적어보세요.

Part 03

"
일상에서의
슬기로운 생활
27가지
"

일상에서의 슬기로운 생활 27가지

01
큰 병에 걸렸다면
세 곳에서 확인

치명적인 큰 병을 발견하고 고민하는 지인들이 주변에 종종 있습니다. 그중엔 병원의 검사 결과를 그대로 믿고 중요한 수술을 단번에 결정하는 바람에 큰 실수를 할 뻔한 후배도 있었습니다.

어느 날 현장에서 열심히 근무하는 후배에게 늦은 밤에 전화가 왔습니다. 아내가 자궁암으로 1주일 후에 대수술을 받아야 한다고 크게 걱정을 하더군요. 평소 건강했던 후배 아내의 모습이 떠올라 후배에게 위로를 전하고 한 가지 당부를 했습니다. 의사도 사람인지라 오진도 가끔 할 수 있으니 무조건 다른 대형 병원에 가서 정밀 검진을 꼭 받아보라고요. 후배는 암 판정을 내린 병원이 자신의 아내가 정기적으로 검진받는, 경기도에서 유명한 산부인과라 오진일 수가 없다고 했습니다. 저는 그래도 혹시 모르는 일이니 꼭 한번 가보라고 서울에 있는 암 전문

대형 종합병원 세 군데를 추천했습니다.

3주가 지나 후배에게서 반가운 전화가 왔습니다. 서울 큰 병원 두 군데에서 정밀 검진을 해보니 다행히 암이 아니라 큰 양성종양으로 판정이 났다고요. 간단한 수술로 제거가 가능하다고 했습니다. 연신 감사하다고 하더군요. "선배님의 조언이 없었다면 아내가 황당하게도 불필요한 대수술을 받았을 겁니다." 후배는 앞으로 자신이나 가족이 큰 병을 진단받는다면 반드시 대형 종합병원에서 크로스 체크를 하겠다고 합니다.

비슷한 일이 또 있었습니다. 대기업은 해마다 직원들에게 종합 검진을 하게 합니다. 어떤 직원이 종합 검진을 받았는데 초기 간암 판정이 난 것입니다. 한동안 그 직원은 식음을 전폐할 정도로 우울해했고 힘들어했습니다. 하지만 그는 한 달 뒤 다시 밝은 표정으로 출근했습니다. 며칠간 실의에 빠졌다가 정신을 차리고, 다른 대형 종합병원에 가서 비싼 검사비를 내고 다시 문제의 부위에 정밀 검사를 받았다고 합니다. 다행히 결과는 간암이 아닌 간경화로 나왔습니다. 그래도 그는 만약의 사태를 대비해 또 다른 대형 종합병원에 가서 정밀 검사를 받았고, 거기서도 간경화로 판정을 받았습니다.

큰 병원이라도 오진을 할 가능성이 있습니다. 중병을 진단받았다면 많은 돈이 들더라도 반드시 대학병원이나 종합병원 총 세 군데를 가서 정밀 검사를 받아야 합니다.

■■ 주변에 중병을 진단받았다가 재검진하니 중병이 아니라 사실은 경미한 질병으로 밝혀진 사례가 있나요? 있다면 아래에 적어보세요.

02 책이 사람을 만든다

"사람은 책을 만들고, 책은 사람을 만든다"라는 말이 있습니다. 독서의 중요성을 강조하는 말입니다. 또한 "독서는 모든 지식의 토대가 된다"라는 말도 있습니다.

최근에 자녀 두 명을 연달아 서울대에 합격시킨 지인이 있습니다. 도대체 어떻게 했길래 두 자녀 모두 명문대에 보낼 수 있었는지 궁금해 물어봤습니다. 그분은 이렇게 답했습니다. "고액 과외는 우리 집 형편에 맞지 않았어요. 대신 어릴 때부터 아이들이 **스스로 책을 많이 읽을 수 있는 환경을 조성했습니다.**" 지인은 자녀가 세 살 때 한글을 떼게 해 책을 스스로 찾아 읽도록 유도했고, **중학교 입학 전까지 한자를 마스터**하게 했다고 합니다. 왜냐하면 우리 일상에서 사용하는 단어의 70~80%가 한자어이기 때문입니다. 이 덕분에 두 아이는 문해력이 매우 높아졌고, 학업 성적도 자연스럽게 향상되었다고 합니다.

지인은 두 자녀에게 고등학교 3학년까지 총 1,000권 이상의 책을 읽게 했다고 합니다. 또한 주말마다 자녀들을 데리고 대형 서점을 방문하여, 아이들이 읽고 싶어 하는 책을 스스로 마음껏 고르고 읽도록 했다고 합니다. 뿐만 아니라 거실의 대형 TV를 없애고 그 자리에 책장을 설치해 마치 작은 도서관처럼 꾸몄습니다. 이런 분위기 속에서 아이들은 자발적으로 독서하는 습관을 갖게 되었다고 합니다. 특히 고 3 때에도 독서를 계속한 덕분에, 언어 영역에서는 **문제만 읽어도 출제자의 의도를 파악할 수 있는 능력**이 생겨 성적 향상에 큰 도움이 되었다고 합니다. 공부하는 시간 동안은 스마트폰을 일정한 장소에 보관시켜 집중력을 높였다고 하고요. 그 결과 두 아이는 항상 전교 1~2등의 성적을 유지했다고 합니다.

어릴 때부터 독서를 많이 한 아이는 **이해력, 공간 지각력, 판단력, 사고력, 문제 해결 능력**이 매우 뛰어나다고 합니다. 그중에서도 **공간 지각력**은 주변 환경과 사물을 직관적으로 파악하는 능력으로, IT 산업을 포함한 다양한 분야에서 점점 더 중요하게 여겨지는 수학적 능력입니다. 또한 이 능력은 도표를 읽고, 언어를 시각화하며, 정보를 압축한 차트를 분석하는 데에도 많은 도움이 됩니다. 이 모든 것이 바로 독서의 힘이자 효과입니다.

필자 역시 독서를 실천하고 있습니다. **매주 2권의 책을 읽고 있는데, 이는 한 달이면 약 8권, 1년이면 약 100권 정도**가 됩니다. 책 한 권을 한 번에 다 읽으려 하면 부담스럽기 때문에 거실에 한 권, 식탁에 한 권, 침대에 한 권, 화장실에 한 권, 회사 사무실에 한 권—이렇게 총 네다섯 권을 여러 공간에 두고 틈틈이 나눠서 읽고 있습니다. 그러다 보면 어느새 보름이 지나 이 책들을 다 읽게 됩니다. 여러분은 1년에 몇 권의 책을 읽고 계신가요?

거실, 식탁, 화장실 등에 놓고 틈틈이 읽는 **책들**

■: 1년에 대략 몇 권의 책을 읽고 있나요? 독서 계획을 체계적으로 세워보고, 그 계획을 적어보세요.

03
승용차 트렁크의
선물 보따리

저는 분기마다 건설사업관리 CM안전협의회(이하 안전협의회) 정기 회의에 참석합니다. 삼우씨엠, 희림, 정림씨엠, 토펙, 무영, 유신, 도화, 한국종합기술 등 국내 주요 CM사 본사의 안전 담당 임원들로 구성된 이 협의회는 회원 수가 70여 명에 이릅니다. 저는 2022년부터 이 모임의 회장직을 맡아 지금까지 운영해오고 있습니다.

안전협의회의 정기 회의는 분기마다 열립니다. 여기서는 각 회사의 안전 관련 사업 계획을 공유하고, 국토교통부 실무자를 초청하여 정부의 안전 정책 방향도 함께 공유합니다. 정기 회의 후에는 회원 간의 단합 대회를 겸한 저녁 식사 자리도 마련됩니다.

어느 날, 저녁 식사 자리에서 한 회원이 저에게 이렇게 묻습니다. "회장님은 본사 일도 많고, 국토부, 경기도 등 여러 지자체 심의위원으로 활동하시느라 바쁘신데, 여러 단체의 대표를 맡아 잘 운영하시고, 무엇보다 여기 있는 모든 회원들이 회장님을 참 좋아합니다. 그 비결이 뭔가요?"

이 질문을 들은 저는 그 회원을 조용히 제 승용차로 데리고 갔습니다. 그리고 트렁크를 열어 여러 가지 물건들을 보여주었습니다. 거기에는 등산 양말 한 박스, 와인 여러 병, 겨울 목도리, 타올 세트 한 박스, 대봉투 100장이 들어 있습니다. 여름철이면 직접 기른 청양고추를 소분해 지퍼백에 담아 박스에 넣어 싣고 다닙니다. 보통 청양고추는 모종 72주를 심고, 6월부터 2주에 한 번씩 수확하는데 그 양이 꽤 많습니다. 여기까지 읽으신 분들은 저를 세일즈맨이라고 오해할지도 모르겠네요. 사실, 트렁크에 있는 모든 물건은 선물용입니다.

지인에게 소개받아 처음 만나는 분, 오랜만에 만난 선후배에게는 대봉투 안에 타올 한 장과 등산 양말 세 켤레를 넣어 선물합니다. 그리고 그 봉투 안에는 감사한 마음을 담은, 손으로 쓴 편지도 함께 넣습니다. 편지가 오히려 선물보다 더 감동을 주는 경우도 많습니다. 와인은 주로 저녁 만찬 자리에서 분위기를 띄울 때 사용합니다. 생일을 맞은 사람이 있는 경우에는 선물로 와인을 증정하기도 합니다. 목도리는 현장에서 고생하는 막내 직원이나 건물에서 일하시는 미화원분들께 드립니다. 제가 이렇게 주변에 작은 선물을 즐겨 하는 이유가 있습니다. **고맙다는 말을 백 번 하는 것보다 마음이 담긴 작은 선물을 한 번 주는 것이 훨씬 더 큰 감동을 준다고 생각하기 때문입니다.**

고맙다는 백 마디 말보다 선물 한 번이 더 큰 감동을 줄 수 있다.

선물을 주고받는 것은 사람 간의 관계를 더 돈독하게 하고, 선물을 주는 사람의 마음속에도, 받는 사람의 마음속에도 따뜻한 추억을 남깁니다. 선물은 단순한 물건이 아니라 소중한 사람에게 전하는 '마음'이기 때문이지요. 선물을 줄 때도 물건만 그냥 건네지 말고, 예쁜 메모지에 손 글씨로 감사의 마음을 적어 함께 주어보세요. 그 순간은 더 깊이 기억되고, 그 사람과의 관계는 한층 더 따뜻해질 것입니다.

■■ 처음 만나거나 오랜만에 만나는 사람에게 가벼운 선물을 하면 관계가 돈독해집니다. 사람들의 기억에 남을 만한 선물로 어떤 것이 좋을지 생각해보고, 아래에 적어보세요.

04
아프면
동네방네 알리자

　　　　　　　　살다 보면 나이가 들수록 본인이든 가족이든 병원에 갈 일이 생깁니다. 저 역시 7년 전, 원인을 알 수 없는 심한 어지럼증으로 무려 6개월간 고생한 적이 있습니다. 그 시작은 아주 사소했습니다. 목욕 후 오른쪽 귀에 물이 들어갔고, 면봉으로 너무 세게 닦다가 귀 안쪽 피부에 상처를 내고 말았습니다. 그로 인해 다음 날부터 귀에 극심한 통증이 찾아왔고, 곧바로 이비인후과를 찾았습니다.

　　의사의 진단은 중이염. 약을 처방받아 복용했고, 귓속을 들여다본 의사는 이렇게 조언했습니다. "목욕탕이나 미용실, 이발소 등에서 사용하는 일부 면봉은 품질이 좋지 않으니 가급적 사용하지 마세요. 국내에서 유통되는 저가 면봉 중 일부는 멸균 처리가 제대로 되지 않아, 세균 수치가 매우 높게 검출되기도 합니다." 이처럼 싸구려 면봉을 귀에 넣었다가 세균 감염으로 장기간 치료를 받는 경우가 많다고 합니다.

또한 면봉 솜이 분리되어 귀 안에 남는 바람에 병원을 찾는 사례도 적지 않기에, 가급적 부드러운 화장지를 말아 귓속의 물기를 제거하는 것이 위생적이라고도 하고요.

그런데 앞서 말씀드린 사건은 시작에 불과했습니다. 이비인후과 진료를 받은 다음 날, 공교롭게도 몇 달 전에 예약한 가족 여행차 온 식구가 함께 홍콩으로 떠나게 되었습니다. 이 여행은 저에게 인생 최악의 고통스러운 시간이었습니다. 야경을 마지막으로 투어를 마치고 호텔에 도착한 순간, 어지럼증이 심해져 그대로 쓰러졌습니다. 그 후 3일 동안 호텔에서 꼼짝도 하지 못하고 잠만 자며 컵라면으로 버텼습니다. 일어나는 순간부터 어지럽고 메스꺼워 걷는 것도, 먹는 것도 불가능했습니다. 외국이라 병원에 갈 수도 없고, 몸이 너무 안 좋았지만 목숨이 왔다 갔다 하는 응급 상황도 아니었기에 그냥 견딜 수밖에 없었습니다. 저는 귀국 후 곧바로 대형 종합병원에 입원하게 되었습니다. 10일간 다양한 검사와 치료를 받았지만, 어지럼증은 전혀 호전되지 않았습니다.

당시 필자는 서울 양천구 신정동에 위치한 1,500세대 규모의 재개발 아파트 현장소장으로 일하고 있었습니다. 마침 가장 바쁜 토공사 시기였고, 매일 아침 출근하는 것조차 고문처럼 느껴지는 날들의 연속이었습니다. 그 후로 수도권 내 유명한 병원, 한의원 등을 거의 다 가보았지만 증상은 여전히 그대로였습니다. 그러던 어느 날, 매주 금요일 열리는 주간 공정회의에서 저는 40여 명의 직원들 앞에서 "혹시 어지럼증

치료를 잘하는 병원이 어디인지 아는 분 계신가요?" 하고 간절한 마음으로 물어보았습니다.

그때 관리부장 Y가 손을 들었습니다. "소장님, 서울아산병원에 이비인후과 분야에서는 국내 최고 전문가인 의사가 있습니다. 어지럼증을 그분에게 치료받고 나았다는 사람들이 주변에 있어요." 마치 사막에서 오아시스를 만난 것처럼 제 심장은 벌렁거렸고 희망의 불씨가 타오르기 시작했습니다. '이렇게 가까운 곳에 해결사가 있었는데….' 정말 등잔 밑이 어둡다는 말이 맞구나 싶었습니다. 그로부터 1주일 후, 그 의사의 진료를 받았고 딱 1개월 뒤, 어지럼증에서 완전히 벗어났습니다. 6개월간의 고통이 그렇게 마침표를 찍었습니다.

그 사건 이후, 저는 늘 이 교훈을 마음속에 새기고 있습니다.
'**건강이 최고다. 아프면 손해다. 아프면 자랑하듯 동네방네 소문내라. 그래야 명의를 만날 수 있다.**'

■■ 여러분이 많이 아팠을 때 어떤 방법으로 병을 치료하거나 극복했는지 적어보세요.

05
적을 만들지 말자

『원숭이는 적을 만들지 않는다』(2004, 사쿠라이 히데요리 지음, 김현희 옮김)라는 흥미로운 제목의 책이 있습니다. 이 책은 다음과 같은 핵심 메시지를 담고 있습니다. "**큰일을 이루려면 절대로 적을 만들지 말아야 한다.**" 이 말 자체는 단순하지만 매우 깊은 의미를 지니고 있습니다.

미국의 카네기 연구소에 따르면, 기술 분야에서 성공한 사람들 중에서 15%만이 능력 덕분에 성공했고, 무려 **85%가 인간관계 덕분**에 성공했다고 합니다. 특히 **정보를 적절한 타이밍에 제공받고, 기회를 얻는 과정**에서 인맥은 결정적인 역할을 합니다. 이처럼 소중한 인맥을 오래도록 유지하려면 상대방과 반드시 서로 **이익을 주고받는 관계**가 되어야 합니다.

이렇게 중요한 인간관계를 잘 활용한 대표적인 인물이 도요토미 히데요시입니다. 그는 낮은 신분 출신이었지만, 인간관계와 인맥 관리 능력을 바탕으로 일본을 통일한 위대한 인물이 되었습니다. 적도 내 편으로 만드는 리더십은 미국의 링컨 대통령의 경우에서도 알 수 있습니다. 그는 남북전쟁이라는 국가적 위기 속에서, 오랜 정적이었던 윌리엄 스탠튼을 국방장관으로 임명했습니다. 스탠튼은 과거 10년 넘게 링컨을 비난하며 괴롭힌 인물이었지만, 링컨은 그의 역량을 인정하고 주변의 반대를 무릅쓰고 그를 기용했습니다. 결국 이 결단은 남북전쟁 승리라는 역사적 성과로 이어졌습니다. 적도 포용하는 리더십이 얼마나 강력한지를 보여주는 대표적인 사례입니다.

반대로 적을 만들어 몰락하는 사례도 있습니다. 나폴레옹은 러시아를 굴복시키기 위해 1812년 유럽 역사상 최대 규모인 60만 대군을 이끌고 러시아로 진군했습니다. 그러나 막상 모스크바에 도착했을 때 그곳은 이미 불타버린 폐허와 같았습니다. 시간이 지나 보급이 끊긴 나폴레옹의 군대는 굶주림, 추위, 전염병, 게릴라 공격에 시달리며 급격히 붕괴되어 60만 명 중 90% 이상이 사망했고, 겨우 2만~3만 명만이 본국으로 귀환했습니다. 나폴레옹이 러시아를 적으로 만들지 않고 외교적으로 조율했다면 유럽을 더 오래 지배했을지도 모릅니다.

『명심보감』에는 "100명의 아군보다 1명의 적을 조심하라"라는 말이 있습니다. 또한 『경행록』에는 이런 말이 나옵니다. "은혜와 의리를 베풀어라. 살다 보면 어디선가 서로 만나지 않을 수 있겠는가? 원수와 원한을 만들지 말라. 좁은 길에서 다시 만나면 피하기 어렵다." 인생은 길고 세상은 좁습니다. 언젠가는 다시 마주치게 됩니다. 그러니 적을 만들지 않고, 작은 인연이라도 소중히 여기는 것이 현명한 삶의 태도입니다.

세상의 모든 일은 유기적으로 연결되어 있습니다. **상호 협력, 배려, 관계에서 발생하는 시너지 효과**가 큰일을 가능하게 합니다. 적을 만들지 않고, 사람을 귀하게 여기는 자세가 진정한 성공의 출발점입니다.

■■ 회사에 불편한 사람이나 관계가 좋지 않은 사람이 있나요? 그 사람과의 관계를 개선하고, 그 사람을 극복하여 성공적인 직장 생활을 하기 위한 계획을 한번 세워보고, 그 계획을 아래에 적어보세요.

06
당신이 만나는
5명이 당신의 미래

몇 해 전, 아주 의미심장한 강의를 들은 적이 있습니다.

건설안전 분야의 3시간짜리 강의였는데, 중간에 강사가 갑자기 교육생들에게 백지를 한 장씩 나누어주며 다음과 같이 말했습니다.

1. 최근 한 달 동안 가장 자주 만난 사람 5명을 적으세요.
2. 그 사람들의 연봉을 적어보세요. 잘 모르면 상상력을 동원해서 적으셔도 좋습니다.
3. 그 사람들의 재산을 적어보세요. 소문으로 들은 것도 좋고, 아주 정확하지 않아도 되니 대략 추산해서 적으시면 됩니다.
4. 마지막으로, 5명의 평균 연봉과 평균 재산을 계산하여 적어보세요.

몇 분이 지난 후 강사는 이렇게 말했습니다. "여러분, 놀라지 마세요.

지금 여러분이 적어 낸 여러분 주변 5명의 연봉과 평균 재산이 바로 여러분의 5년 후의 연봉과 재산입니다." 순간, 뒤통수를 한 대 맞은 듯한 느낌이 들었습니다.

"**같은 사람만 만나면, 같은 자리만 맴돕니다.**" 강사의 말은 짧고 명확했습니다. **자신과 비슷한 처지에 있는 사람들하고만 계속 어울리면 발전이 없다**는 것입니다. 성공하고 싶은가요? 그렇다면 **성공한 사람을 만나야 합니다. 성공을 하려면 생각을 바꾸고, 기회를 잡아야 합니다. 그러려면** 재테크에 능한 사람, 부동산 투자를 잘하는 사람, 자기 분야에서 두각을 나타내는 사람 등과 자주 교류해야 하겠지요.

그래서 어떤 사람들은 연회비 수백만 원이 드는 재테크 모임에 가입하기도 하고, 투자 전략을 알려주는 일회성 고액 강의도 일부러 찾아가 듣습니다. 왜일까요? 성공을 향한 강렬한 자극과 동기, 성공하기 위한 실제적인 요령과 방법을 얻기 위해서입니다. 바쁘고 시간이 없다면 배우자라도 대신 공부하게 해야 합니다. 비용이 좀 들어도 수업료를 아깝다고 여기지 마세요. 그건 단순한 지출이 아니라 미래를 바꾸는 투자입니다.

세계적인 투자자 워런 버핏과 점심을 먹으려면 수백만 달러가 든다고 합니다. 많은 사람들이 그런 큰돈을 들여서 그와 잠깐이라도 만나려 하는 이유는 단 하나, 바로 **성공한 사람의 사고방식, 전략, 철학을 단 1%라도 배우기 위해서입니다.** 워런 버핏은 2000년부터 이 점심식사

상품을 경매 방식으로 판매했고, 수익은 샌프란시스코의 노숙자 지원 단체에 기부했습니다. 존경할 만한 사람입니다. 진정한 부자란, 자신만의 철학과 나눔의 정신을 함께 가진 사람이라는 걸 보여주는 사례라고도 할 수 있겠지요.

성공한 사람들은 보통 사람들과 다른 DNA를 지녔거나 특별한 기술을 갖고 있는 것이 사실입니다. 그들은 보통 사람들과 다른 존재입니다. 그렇다고 좌절해야 할까요? 그렇지 않습니다. 우리는 그들과 다르지만 그들을 닮아갈 수는 있습니다. 그러기 위해 우리는 그들과 자주 만나고, 그들을 배워야 합니다.

■■ 당신이 현재 자주 만나고 있는 사람 5명의 연봉과 재산을 아래에 적어보고, 그들의 연봉과 재산을 평균 내어보세요.

07
반복되는
작심삼일을 넘어

　　　　　　　　　　세계적인 동기 부여 전문가 앤드류 매튜스는 이렇게 말했습니다. "새벽에 일어나 운동도 하고, 공부도 하고, 사람들과 어울리며 최선을 다해 노력하고 있는데도 인생에서 좋은 일이 전혀 일어나지 않는다고 말하는 사람을 나는 여태껏 본 적이 없다." 이런 말도 있습니다. "어제와 똑같이 행동하면서 더 나은 미래를 꿈꾸는 자는 미친 사람이다." 또한 우리에게 익숙한 사자성어 '유지경성(有志竟成)'은 '뜻이 있으면 반드시 이룰 수 있다'라는 의미입니다. 이 말들은 모두 '최선을 다하면 결국 좋은 결과가 온다'라는, 너무도 당연하지만 실천하기는 어려운 진리를 말하고 있습니다.

　　열심히 살아간다는 것은 결코 쉽지 않습니다. 목표를 세우고 달려가다 보면 언제나 예상치 못한 위기가 찾아옵니다. 고난이 겹치고, 일도 뜻대로 되지 않고, 체력과 정신력도 소진됩니다. 이런 상황이 반복되면 처음의 다짐과 목표는 기억에서 서서히 사라집니다. 실제로 주변을 보면 아무리 훌륭한 목표를 세웠다고 해도 작심삼일(作心三日)로 끝나는 경우가 허다합니다. 멋진 계획을 세우고 며칠은 열정적으로 실천하다가도 야근이나 약속, 피곤함 같은 작은 변수에 쉽게 흔들립니다. 그렇게 며칠이 지나면 계획은 흐지부지되고, 결국 또 작심삼일로 끝납니다. 그러고는 어느새 1년이 휙 지나가 버립니다. 그제야 우리는 '왜 나는 늘 이 모양일까?' 하고 자책하며 후회합니다. 그러나 그 반성도 오래가지 않습니다. 실행하지 못하는 이유를 금세 주위 환경 탓, 세상 탓'으로 돌리며 편안한 잠자리에 들고, 다음 날도 여전히 다람쥐 쳇바퀴 같은 삶을 반복하지요.

이 글을 읽고 있는 여러분, 지금 이 순간 굳세게 다짐을 해보시길 바랍니다. "I can do it, 나는 할 수 있다!"라고 크게 외쳐보세요. **긍정적인 마음, 할 수 있다는 믿음을 갖는 것부터** 시작입니다. 처음부터 거창한 계획을 세우기보다는 **작고 구체적인 목표를 설정하는 것부터** 시작하세요.

예를 들어
- 매일 30분 독서하기
- 하루 10분 스트레칭하기
- 하루에 영어 문장 1개씩 쓰기
- 새벽 5시에 일어나기

이렇게 **실행 가능한 작은 목표부터** 실천해보세요. 그리고 중요한 팁 하나! **자신의 목표를 주변 사람들에게 알리세요.** 공개된 목표는 실현 가능성을 더 높여줍니다. 작은 성공을 반복하다 보면, 점차 **더 큰 목표에도 도전할 수 있는 힘과 용기가** 생깁니다. 그리고 이렇게 목표를 성취한 경험들이 쌓이면, 언젠가는 지금보다 훨씬 발전한 자신을 마주하게 될 것입니다.

오늘 이 글이 작은 다짐의 시작이 되기를 바랍니다. 그리고 그 다짐이 한 번의 작심삼일로 끝나지 않기를 바랍니다. 지금 바로 종이 한 장, 수첩 한 권 꺼내어 작은 목표 하나를 적어보세요. 그리고 그 아래에 이렇게 적으세요.

"나는 할 수 있다."

이 말이 인생을 바꾸는 강력한 시작이 될 수 있습니다.

■■ 어떤 목표를 세웠지만 작심삼일로 그쳤던 경험이 있나요? 그렇게 된 원인을 생각해보고, 다시 그 목표를 성취하기 위한 계획을 한번 세워보세요. 그리고 그 계획을 아래에 적어보세요.

08

분노를
다스리는 지혜

　　　　　　　　　　부부가 말다툼을 하다가 홧김에 한쪽이 집에 불을 지르거나 나머지 한 사람에게 폭행을 하거나 흉기를 휘두르는 사건이 종종 뉴스에 보도됩니다. 그런 사건이 벌어지면 부부는 물론이고 자녀들까지 목숨을 잃기도 합니다. 만약 폭력을 행사한 사람이 잠시만 분노를 잠재우고 애써 평정심을 찾으려고 노력했다면, 한발만 물러섰다면, 가정이 파괴되는 일은 일어나지 않았을지도 모릅니다. 참으로 안타까운 일이 아닐 수 없습니다. 마음속에서 뿜어져 나오는 화를 누르고 다스릴 수 있다면 비단 가족 간의 강력 사건뿐 아니라 세상의 모든 강력 사건들은 좀 줄어들지 않을까요?

　'화병'은 다른 말로 '울화병'이라고도 불립니다. 억울한 감정이나 분노가 오랜 시간 쌓이면서, 결국 불처럼 폭발하는 일종의 우울증입니다. 놀랍게도 화병은 세계 어디에도 없는 한국 고유의 병이라고 합니다. 이때의 '화(火)'는 말 그대로 불, 즉 분노를 의미합니다. 분하고 억울한 감정, 소외감, 좌절감 등도 화병의 원인으로 꼽힙니다. 화병의 주요 증상으로는 불쾌감, 불면증, 소화불량, 피로감, 공황장애, 두통 같은 것들이 있습니다.

화병은 급성 화병과 만성 화병으로 나뉩니다. 급성 화병은 자살 시도, 폭력을 동반한 분노 등을 보일 수 있어 빠른 정신과 치료가 필요합니다. 만성 화병은 우울감, 반복적인 분노를 보이지만 장기적인 치료와 더불어 취미·봉사 활동 등을 통해 조금씩 치유할 수 있습니다. 작은 화는 그때그때 쉽게 풀리기도 하지만, 깊고 큰 화가 누적되면 결국 폭발하게 됩니다. 사람마다 성격과 성향이 다르기 마련이니 어떤 사람은 화를 잘 다스리지만, 또 어떤 사람은 사소한 일에도 쉽게 분노합니다. 그러나 화를 자주 내는 사람도 상담이나 교육, 치료를 통해 충분히 정상적으로 감정을 조절하게 될 수 있습니다.

우리는 일상 속 여러 상황에서 화를 경험합니다. 화가 날 때는 즉시 화가 나는 것을 멈추고 그 자리를 잠시 벗어나는 것이 좋습니다. 혼자서 조용히 10분 정도 산책을 하며, 좀전의 상황을 차분히 되짚어보는 겁니다. 사람은 화가 나거나 감정이 격할 때는 올바른 판단을 할 수 없습니다. 마음이 평온해야 정확한 판단을 할 수 있게 됩니다.

필자 역시 아내와 의견 차이로 감정이 격해질 때, 그 순간을 벗어나는 방법을 씁니다. 아내에게 양해를 구하고 아파트 근처 공원을 이삼십 분 정도 산책합니다. 그렇게 바람을 쐬며 마음을 비우고, 갈등의 원인을 냉정하게 되짚어봅니다. 이후 집으로 돌아와, 아내와 차분히 대화로 문제를 해결하려고 노력합니다. 화가 날 때 마음속으로 60초를 세어보는 것도 도움이 됩니다. 모래시계의 모래가 아래로 흐르는 것을 상상하며, '하나, 둘, 셋…' 마음속으로 숫자를 천천히 세어보세요. 쉬운 일은 아니지만, 생각을 전환시키는 데 효과가 있습니다.

사람들은 화를 참지 못하고 실수를 한 후, 언제나 뒤늦은 후회를 하곤 합니다. 갑작스럽게 말싸움을 하는 것, 감정이 욱해서 다른 사람에게 손찌검을 하거나 물건을 던지는 것, 도로에서 보복 운전을 하거나 급하게 끼어드는 것 등은 주로 순간의 감정을 참지 못하는 데서 비롯됩니다. 그러나 그렇게 감정을 참지 못하면 결국 자신과 가족, 타인에게 큰 손해와 피해를 남기게 됩니다. 특히 일부 남성들의 욱하는 성격은 때때로 너무나 위험하게 작용합니다.

우리나라 사람들은 대체로 성질이 급하고 감정 표현이 격한 편입니다. 이런 성격은 분노를 조절하지 못하게 만드는 요인이 되고, 결국 화병을 부릅니다. 좀 더 여유를 갖고, 삶을 찬찬히 들여다보는 습관이 필요합니다. 자신을 차분하게 다스릴 줄 아는 사람만이 자신은 물론 가족과 이웃에게도 따뜻한 사람이 될 수 있습니다.

■■ 정말 화가 많이 났을 때 화를 다스리는 자신만의 방법이 있나요?
있다면 아래에 적어보세요.

09 공인중개사와 좋은 관계 맺기

영어 속담 중에 "No pain, no gain"이라는 말이 있습니다. 이는 세상에 공짜는 없으며, 노력 없이는 열매를 얻을 수 없다는 뜻이지요. 이 말은 인간관계에도 적용됩니다.

한 가지 질문을 던져보겠습니다. 저렴하거나 좋은 집, 또는 시세보다 싼 집을 사려는 상황에서, 공인중개사는 그 귀한 매물을 누구에게 먼저 소개할까요? 단 한 번 방문한 낯선 손님일까요? 아니면 자주 커피도 마시고, 식사도 함께하며 인간적인 관계를 맺어온 고객일까요? 당연히 후자입니다.

재테크를 잘하고 싶다면, 주택을 매입하고자 하는 지역의 신뢰할 수 있는 공인중개사와 자주 만나고, 인간적인 관계를 맺어두어야 합니다. 공인중개사와 친해지면 생각보다 많은 이점을 누릴 수 있습니다. 예를 들어 좋은 매물이 나왔을 때 다른 사람들이 보기 전에 먼저 소개받을 수 있으며, 가격 협상을 할 때에도 공인중개사가 내 입장을 보다 적극적으로 고려해줄 가능성이 높습니다.

주말마다 온 가족이 함께 원하는 지역의 공인중개사 사무실을 찾아가보세요. 이때 **정성이 담긴 작은 선물을** 준비하는 것이 좋습니다. 음료수 한 박스를 들고 가는 것만으로도 관계는 훨씬 가까워질 수 있습니다. 또한 가능하면 종종 식사를 함께하세요. 사람 사이가 가까워지는 세 가지 방법은 함께 여행하는 것, 함께 식사하는 것, 함께 목욕하는 것이라고 합니다. 공인중개사와 함께 짜장면을 열 번 먹는 비용은 기껏해야 몇십만 원 수준입니다. 그러나 그렇게 쌓인 친밀감으로 인해 소개받을 수 있는 **급매물은 낮게는 수천만 원, 높게는 억대의 가치**를 지닙니다.

부동산 시장에서 아주 좋은 물건이 나오면, 공인중개사가 가장 먼저 그 물건을 확보합니다. 그러고 나서는 가족이나 친척, 그리고 친한 지인에게 그 정보를 공유합니다. 그다음으로 소개하는 대상이 바로 단골 고객입니다. 단골 고객은 A, B, C 등급으로 나뉘며, A급 단골이 되어야 좋은 정보를 얻을 수 있습니다. 그러므로 공인중개사에게 A급 단골 고객이 되는 것이 무척 중요합니다.

저는 노원구에 있는 부동산 사무실의 한 공인중개사와 약 5년 전부터 친분을 쌓아왔습니다. 단지 일이 있을 때만 그를 찾는 것이 아니라,

평소에도 가끔 방문해 세상 사는 이야기도 나누고 음료수도 한 박스씩 전하며 관계를 유지했습니다. 명절에는 작은 선물도 주곤 했습니다.

이렇게 맺어놓은 관계 덕분에, 당시 급매물로 나온 아파트 한 채를 소개받아 전세를 끼고 투자를 할 수 있었습니다. 당시 매매가가 현재 전세가와 동일한 수준이 되었으니 금전적으로 큰 수익을 얻은 셈입니다. 지금 그 아파트로는 월세를 받고 있습니다. 공인중개사와의 관계를 잘 맺은 덕분에 가능한 일이었습니다.

마지막으로 한 가지 조언을 드리자면, **중개 수수료를 지나치게 깎으려고 하지 마십시오.** 보통 중개 수수료는 몇십만 원 내외지만, 공인중개사의 협조로 매물을 수백만 원, 많게는 수천만 원 저렴하게 매입할 수도 있습니다. 오히려 정가를 지불하거나 돈을 약간 더 챙겨주면서 '이 고객은 믿을 만한 사람이다'라는 인상을 심어주는 것이 장기적으로 훨씬 큰 이익을 가져다줍니다. 특히 부동산 시장에서는 정보가 곧 돈입니다. 그리고 이 정보는 '사람'에게서 옵니다. **공인중개사와의 관계가 좋을수록 더 양질의 기회를 얻을 수 있습니다.** 작은 정성과 배려가 큰 보답으로 돌아올 수 있다는 점, 꼭 기억해두시기 바랍니다.

■■ 공인중개사와 좋은 관계를 맺는 당신만의 팁이 있나요? 있다면 아래에 적어보세요.

10
아무리 친해도 해서는 안 되는 말

사회생활을 하면서 다양한 사람들을 만나게 됩니다. 처음엔 서먹서먹해도 소주 한 잔 기울이거나, 지인의 소개로 만난 경우에는 쉽게 마음을 열게 되죠. 일 이야기, 취미 이야기, 세상 돌아가는 이야기, 재테크 이야기 등 다양한 주제로 대화를 나누다 보면 친해지는 경우가 많습니다. 하지만 아무리 친해져도 **속내를 너무 드러내거나, 남을 험담하는 말은 삼가야 합니다**. 세상에 영원한 관계는 없으며, **오늘의 친구가 내일의 적이 될 수도 있기 때문입니다**. 그리고 아무리 가까운 사이라도 해서는 안 되는 말이 많습니다.

● 자식 자랑

묻지도 않았는데 대뜸 "우리 애가 서울에 있는 유명한 대학 나와서 대기업에 들어갔어", "우리 딸은 억대 연봉 받잖아", "아들이 어버이날에 명품 가방을 샀더라구" 등의 자식 자랑을 늘어놓는 것은 듣는 사람에게 불쾌감을 줍니다. 때와 장소를 가리지 않으면 더욱 그렇습니다. 아무 생각 없이 그런 말을 하는 자리에 자녀가 취업을 준비 중인 사람, 또는 자녀가 타지의 대학에 다니느라 생활비를 대느라 허리가 휘는 사람도 있을 수 있습니다. **상대가 먼저 물어볼 때만 겸손하게 이야기하는 것이 바람직**합니다.

● 돈 자랑

"이번에 아파트가 재건축되면서 몇억이나 올랐어", "분양받은 아파트 프리미엄이 두 배로 뛰었어" 등의 돈 자랑도 듣는 이의 기분을 상하게 할 수 있습니다. 이런 분들은 돈이 많다고 자랑하면서 자기가 자랑을 늘어놓은 자리의 밥값이나 커피값도 내지 않는 경우가 있습니다. 혹시라도 그런 자랑을 했다면, 그 자리에서 다 같이 마신 커피 정도는 사는 센스를 보여주세요. **겸손과 센스는 인간관계의 윤활유입니다.**

● 정치 이야기

정치 이야기는 **부자지간, 형제지간에도 하지 말라**는 말이 있습니다. 각자의 선호와 신념이 너무나 달라, 처음에는 서로의 의견을 이성적으로 나누다가도 결국 감정싸움으로 번지기 쉽기 때문입니다. 자신의 생각은 자신만의 생각으로 마음 깊숙이 묻어놓고, 다른 이야기를 하는 것이 좋겠습니다.

● **남을 비방하는 말**

이상하게도 사람들은 남을 험담하는 말을 쉽게 주고받습니다. 그런 말을 먼저 시작하는 사람도, 그에 맞장구치는 사람도 속이 좁고 인간미가 부족하다고 볼 수 있습니다. 누구든, 어디서든 나를 비방할 수도 있습니다. 남의 **뒷얘기는 절대 하지 말고, 혹시 들었다 해도 그 자리에서 잊고, 다른 사람에게 옮기지 마십시오.** 직접 보고 듣고 판단한 사실만을 믿는 것이 중요합니다.

다른 사람에게 고민을 털어놓으면 마음이 조금은 가벼워집니다. 하지만 심각한 고민거리를 아무에게나 이야기하는 것은 바람직하지 않습니다. 가까운 지인에게도 조심해야 하고, 처음 만난 사람에게는 말하지 않는 것이 좋습니다. 내 이야기가 자칫 입소문을 타고 무리 전체에 퍼지거나 다른 사람의 심심풀이 이야깃거리가 될 수 있기 때문입니다. 당장 마음은 편할 수 있지만, 고민을 나눴던 일이 평생 후회로 남을 수 있습니다.

● **자기 자랑**

자기 자랑도 사람을 멀어지게 만드는 대표적인 말입니다. "이번 프로젝트도 내가 처음부터 아이디어 내고, 다 추진해서 성공했지", "이번 사업 대박 난 것도 내가 실무를 맡아서 가능했던 거야" 같은 말을 반복하는 사람은 **철이 없거나, 사회성이 부족해 보이기 쉽습니다.** 게다가 일이 잘못되면 그런 사람일수록 "옆 팀이 도와주지 않아서 그랬어", "상급 부서의 지원이 없어서 실패했어" 등의 말로 책임을 회피합니다. 회사의 성과는 개인이 아닌 **부서원 모두의 노력으로 만들어집니다.** 특히 조직의 리더라면 성공의 공은 부하 직원에게 돌리고, 실패한 데 대한 책임은 자신이 지는 자세가 필요합니다. 그것이 진정한 리더의 품격입니다.

말에는 책임이 따릅니다

말은 한번 뱉으면 다시 주워 담을 수 없습니다. 그러므로 듣는 사람의 감정이 상하지 않도록 늘 주의하며 말해야 합니다. 인간관계는 고슴도치를 대할 때와 같이 하라는 말이 있습니다. 다른 사람과 너무 멀리 있어도, 너무 가까이 있어도 안 됩니다. 적당한 거리를 유지하며 **선을 지키는 것이 가장 현명한 관계 유지법**입니다. 다른 사람과 말할 때는 항상 이 사실을 잊으면 안 됩니다.

■■ 사람들과 이야기하다가 하지 않았으면 좋았을 말실수를 한 적이 있나요? 다시는 실수하지 말자는 의미로 그 일에 대해 아래에 간단히 적어보세요.

11
은퇴 후 돈을 지키는 현명한 방법

은퇴 후 인생 2막을 준비하는 50대, 60대에게는 반드시 조심해야 할 두 가지가 있습니다. 바로 무리한 투자와 자녀에 대한 경제적 지원입니다.

첫째, 무리한 투자는 금물입니다. 퇴직금이 생겼다고 무턱대고 사업에 뛰어드는 것은 매우 위험합니다. 통계에 따르면 초보 자영업자의 70%는 1년 이내에 실패하고, 나머지 30%도 3년 이내에 폐업한다고 합니다. 이는 결국 **10명이 사업을 하면 1명만 성공**한다는 의미입니다.

사업을 진지하게 하고 싶다면, **원하는 업종에서 최소 1~3년간 종업원이나 아르바이트생으로 취업해 먼저 풍부한 경험**을 쌓아야 합니다. 예를 들어 식당을 차리려면 조리사 자격증 취득은 물론, 식당 운영과 서비스 관련 교육도 충분히 받아야 하며, 유명 맛집 탐방을 통해 음식

맛, 인테리어, 고객 응대 등도 연구해야 합니다.

둘째, 자녀로부터 돈을 지켜야 합니다. 자녀들이 경제적으로 어려울 때, 대부분의 사람들은 자신도 모르게 재산을 조금씩 내어주게 됩니다. 자식들이 급하게 사업 자금을 빌려달라거나 미리 유산을 달라는 식으로 요구하는 것에 응하게 되면 그것은 결국 자신들의 노후를 위협하는 **가장 큰 리스크**가 될 수 있다는 것을 알아야 합니다. 그런 상황에 처한다면 **단호하게 거절**해야 합니다. 자녀와의 관계가 멀어지는 한이 있더라도, 노후 자산을 지키는 것은 **부모와 자식 모두를 위한 길입니다.**

대구에서 병원장을 하고 있는 친구의 이야기가 떠오릅니다. 그는 근무 중 점심시간마다 공원을 산책하다가 자주 마주친 한 노인과 친해졌다고 합니다. 이야기를 들어보니 그 노인은 과거 대형 병원을 운영했던 의사로, 당연히 소득도 많았고 금전적으로 여유 있는 생활을 했다고 합니다. 그런데 하나뿐인 아들이 사업하는 데 쓴다며 재산을 계속 가져가는 바람에 지금은 월세방에서 어렵게 살아가고 있다고 하더랍니다. 그 노인은 "자식과는 돈거래를 절대 하지 마라"라고 강조했다고 합니다. 아버지는 자식에게 돈을 주지 않아도 어머니는 정에 이끌려 쉽게 돈을 내주는 경우가 왕왕 있는데요. 이런 점을 자식이 악용하면 결국 **부모의 노후 자금을 다 써버리게 되는 좋지 않은 결말**에 다다를 수 있습니다.

은퇴자와 명예 퇴직자는 자신이 지금 가지고 있는 자산과 경제적 여건을 냉정히 판단해야 합니다. 무리한 투자를 부추기는 유혹이나 자녀의 무분별한 돈 요구에는 절대로 휘둘리지 말아야 합니다. **돈을 지키는 것이 결국 건강하고 행복한 노후로 가는 길입니다.** 경제적 자산을 바탕으로 한 건강한 노후와 평온한 삶은 한번 무너지면 되돌리기 어렵습니다.

■■ 은퇴 후 손에 쥔 돈을 써버리지 않고 지킬 수 있도록 자금 관리 계획을 미리 세워보고, 세운 계획을 아래에 적어보세요.

12
세상에 공짜는 없다

　　　　　　　　　　광화문을 지나다 보면 교보빌딩 글판에 항상 좋은 글귀가 쓰여 있는 것을 볼 수 있습니다. 광화문 교보빌딩의 글판은 교보생명 창립자 신용호 회장의 아이디어로 1991년부터 시작되었다고 합니다. 그때그때 시기와 상황에 맞는 글귀를 통해 많은 사람들에게 희망과 용기를 전해주고 있지요. 저는 거기에 쓰여 있던 글귀 중에서 "세상에는 공짜가 없다"라는 문장과 장석주 시인의 「대추 한 알」이라는 시를 가장 인상 깊게 보았습니다. 그 시는 이렇게 시작합니다.

"저게 저절로 붉어질 리는 없다
저 안에 태풍 몇 개
저 안에 천둥 몇 개
저 안에 벼락 몇 개"

흔한 대추 한 알도 충분히 붉게 익기까지는 태풍, 천둥, 벼락, 폭우, 땡볕을 수없이 견뎌내야 합니다. 우리 인생도 이와 다르지 않습니다. 성공과 실패, 고난과 극복, 희망과 절망이 끊임없이 반복되는 여정입니다.

서울대학교 김난도 교수는 『천 번을 흔들려야 어른이 된다』에서 "어른이 되는 것은 저절로 이루어지지 않는다. 시행착오를 겪고, 흔들리고, 삶을 배워가면서 조금씩 어른이 되어간다"라고 했습니다. 이 책은 우리가 어른이 되어가는 과정 속에 얼마나 **많은 역경과 시련, 고통**이 수반되는지 보여주며, 이를 어떻게 극복할 수 있는지를 따뜻한 조언으로 안내합니다.

아주대학교 조선미 교수는 하버드대학교의 연구 결과를 인용하며 이렇게 말합니다. "행복은 고통의 총량이 아니라 고통을 견디는 능력에 달려 있다. 좌절을 견디는 힘을 길러주어야 한다." 어차피 고통을 없앨 수 없다면, **고통을 이겨낼 수 있는 힘**을 키우는 것이야말로 진짜 교육이고, 진짜 성장 아닐까요?

큰아들이 대학에 다니던 때에 있었던 일입니다. 군 입대 전 남은 한 달간은 건설 현장 아르바이트를 하겠다고 하더군요. 아내는 건설 현장이 위험하다며 아들이 아르바이트하는 것을 강하게 말렸습니다. 하지만 아들이 꼭 하겠다고 했지요. 현장 소장으로 근무하던 필자는 결국 아들을 J 대학교 경제관 신축 공사 현장으로 보내주었습니다. 7월의 무더운 날씨 속에 아들은 한 달간 몸무게가 5kg이나 빠질 정도로 땀 흘리며 자재 정리 작업을 했습니다.

아들은 그렇게 번 돈으로 친구들과 유럽 배낭여행을 다녀오고, 군 입대 전 소중한 시간을 보냈습니다. 또한 그 경험을 통해 아버지의 일터가 얼마나 힘든 곳인지 깨닫고, 가장이 지는 노고와 책임을 깊이 이해하게 된 것 같습니다. 그래서인지 아들은 그 후에 부부 간에 의견 충돌이 생기면 자연스럽게 제 편을 들어주기도 했습니다. 그뿐만이 아닙니다. 땀의 결실이 무엇인지 알게 되어서일까요. 군 복무 후 복학한 뒤 거의 한 달이나 밤새워 공부하여 대학교 2학년 때 장학금을 받기도 했습니다.

세상에는 결코 공짜가 없습니다. 아무것도 아닌 것 같은 흔한 대추 한 알조차도, 작은 대추씨 하나가 수많은 자연현상과 싸우며 맺은 결실입니다. 우리도 인생이라는 긴 여정 속에서 수많은 태풍과 천둥, 번개를 견뎌내며 비로소 지혜롭고 성숙한 사람으로 거듭나는 것 아닐까요?

살아오면서 무언가 간절히 바라고 원하는 것을 이루기 위해 열정을 다해 노력하여 성공을 거둔 적이 있나요? 있다면 그 경험에 대해 아래에 적어보세요.

13 인생사 새옹지마

　　　　　　　　　인생사 새옹지마(塞翁之馬)라는 말은 인생의 길흉화복이 변화무쌍하여 예측하기 어렵다는 의미를 담고 있습니다. 때로는 지금 당장 힘들고 고통스러울 수 있습니다. 하지만 인간사는 내일 당장 어떻게 될지 모릅니다. 오늘 죽을 만큼 힘들다고 해도, 어쩌면 내일은 더 나은 날이 될 수 있습니다.

　　피부과 전문의 함익병의 유튜브 영상을 본 적이 있습니다. 군의관으로 입대하기 전, 그는 1순위로 소아과를 지원했다고 합니다. 그런데 당시 소아과의 인기가 높아 경쟁에서 밀려 탈락했다고 합니다. 그래서 2순위로 지망했던 피부과에 배정되고, 그때 크게 실망했다고 하더군요. 하지만 그가 전역한 후 세상은 변해 있었습니다. 소아과는 인기가 시들해졌고, 피부과가 대세가 되어 있었습니다. 함익병은 영상 속에서 "역시 인생은 새옹지마의 연속이다"라고 말합니다. 저는 그의 말에 매우 공감했습니다.

조선 후기의 실학자 정약용은 개혁적인 사상가이자 형제들을 통해 신앙을 접한 천주교 신자였습니다. 그로 인해 그는 정적들의 시기와 탄압을 받았습니다. 결국 그는 1801년 신유박해 때 전라도 강진으로 유배되었고, 마침내 정치적 생명을 잃은 듯 보였습니다. 그러나 유배 생활은 그에게 오히려 사색과 집필의 기회를 제공했습니다. 정약용은 강진의 자연과 민중 속에서 지내며 삶의 본질과 조선의 모순을 깊이 있게 통찰했습니다. 그 결과 『목민심서』, 『경세유표』, 『흠흠신서』 등 수백 권의 저술을 남겼습니다. 이 저서들은 이후 조선 후기 개혁 사상의 기초가 되었고, 오늘날까지 큰 영향을 끼치고 있습니다.

정약용이 강진에서 보낸 시간은 불행한 시간만은 아니었습니다. 결과적으로 더 큰일을 할 수 있게 한 가치 있는 시간이었습니다. 그는 좌절하거나 낙심하지 않고 위기를 기회로 승화했습니다. 그는 모든 것을 잃을 수도 있었지만, 오늘날 조선 최고의 사상가로 기억될 만한 업적을 세웠습니다. 이처럼 그의 삶은 '인생사 새옹지마'라는 말을 완벽하게 증명합니다.

인생을 살면서 계획대로 일이 풀리지 않는다거나 어려움이 닥친다고 해서 주저앉아 좌절만 하고 있어서는 안 됩니다. 그럴 때는 위기의식을 갖고 스스로를 돌아볼 필요가 있습니다. 이제껏 살아온 삶을 반성하고 미래를 구상하는 과정을 통해, 위기가 또 다른 기회가 될 수 있음을 깨달아야 합니다. 또한 선택의 갈림길에서 어떤 결정을 내렸다면, 아쉬움이나 일말의 의문을 품기보다는 그 선택에 따라 주어진 상황에 최선을 다해 임해야 합니다. 비록 힘든 일이라도 죽기 살기로 배수진을 치고 몰입한다면 반드시 이룰 수 있습니다. '하늘은 스스로 돕는 자를 돕는다'라는 말처럼, 정직하고 성실한 자세로 세상을 살아간다면 더 나은 삶이 반드시 기다리고 있을 것입니다. 예측할 수 없는 세상에서, 성공을 보장하는 열쇠는 우리의 정성과 노력뿐이기 때문입니다.

■ 살아오면서 '새옹지마'라는 말을 실감한 일이 있었나요? 있었다면 그 경험을 아래에 적어보세요.

14

팁은 언제 주는 게 좋은가

종업원이 직접 고기를 구워주는 식당에서 식사를 할 때, 저는 한 가지 원칙이 있습니다. 주문 후, 종업원이 기본 반찬과 식기류를 세팅하러 올 때 바로 팁을 건네는 것입니다. 팁을 주는 타이밍은 그때가 가장 효과적이라는 것을 여러 번의 경험을 통해 느꼈기 때문입니다.

많은 사람들이 팁은 식사를 마치고 나갈 때 주는 것이 예의라고 생각합니다. 물론 그것도 나쁘지 않습니다. 하지만 영업 분야에 종사하는 전문가들은 **처음부터 팁을 주는 방식**을 더 선호합니다. 자칫 생색내기처럼 보일 수 있다는 염려를 할 수도 있지만요. 누구나 일단 팁을 받으면 기분이 좋아지고, **기분이 좋아지면 서비스의 질도 자연스럽게 높아지는 법**입니다.

현장 직원에게 전달한 양말 선물

    필자는 정림씨엠건축사사무소에서 CM 감리를 하는 건설 현장을 방문할 때마다, 현장 직원들을 위한 작은 선물을 준비합니다. 추운 날씨 속에서도 안전화를 신고 일하는 직원들을 생각하며, 한 사람당 두세 켤레의 등산 양말을 준비해 현장에 도착하자마자 나눠줍니다. 반응은 항상 좋습니다. 직원들은 감사의 의미로 따끈한 녹차나 커피를 건네주고, 어떤 이들은 맛있는 간식거리나 작은 선물, 심지어 타월까지 챙겨주는 경우도 있습니다. 나중에 고마움이 담긴 메일이나 문자 메시지를 받기도 합니다. '주는 만큼 돌아온다'라는 말이 실감 나는 순간들입니다. **작은 정성 하나가 따뜻한 마음으로 되돌아오는 경험**을 하면서, 다시 한번 '세상에 공짜는 없다'라는 진리를 깨닫게 됩니다.

    누구에게나 인생을 사는 데 있어 인간관계는 중요합니다. 그렇기 때문에 사람 사이에 관계를 잘 맺을 줄 아는 기술이 필요합니다. 상대의 마음을 열고, 신뢰를 쌓는 데 있어 중요한 것은 먼저 손을 내미는 용기와 작은 배려입니다. 용기와 배려가 때로는 큰 감동으로, 그리고 오래도록 이어지는 좋은 인연으로 되돌아오곤 합니다.

■■ 작은 선물을 건넴으로써 인간관계가 잘 풀렸던 경험이 있나요?
있다면 그 경험을 아래에 적어보세요.

15
내가 먼저 행복해야 한다

법륜 스님은 이렇게 말씀하십니다.
"내가 먼저 행복해야 한다."
이 말은 단순히 이기적으로 살라는 말이 아니라, 인생을 살아가는 동안 **무조건 자기 자신을 최우선순위에 두고 행복해지도록 노력해야 한다**는 깊은 통찰을 담고 있습니다.

다른 사람을 위해 자신을 희생하며 살다 보면, 우리는 본능적으로 희생에 대한 대가를 기대하게 됩니다. 자녀에게 모든 것을 쏟아붓는 부모가 자신의 노고를 돌려받지 못했을 때 느끼는 허탈감과 억울함은 어쩌면 그런 계산적 사고에서 비롯된 것일지도 모릅니다.

그래서 우리는 먼저 **자기 자신을 행복하게 만드는 데 집중해야 합니다.** 남을 위하고 남을 즐겁게 하기에 앞서, 나 스스로를 위하고 나 스스로가 즐거워야 합니다. 내 행복이 채워져야 다른 사람과 행복을 나눌 수 있는 여유가 생깁니다. 얼핏 이기적인 생각처럼 보일 수 있지만, 이것은 **지혜로운 자기 관리 방식**입니다. 우울증에 걸린 사람이 과연 타인에게 웃음을 줄 수 있을까요? 내 인생이 행복하지 않다고 느끼는 사람이 이웃에게 사랑을 전할 수 있을까요? 그건 매우 어려운 일입니다.

최근 강성룡 박사의 『인공지능 시대, 이제는 성품이 경쟁력이다』 출판 기념행사에 참석한 일이 있었습니다. 그 자리에서 강성룡 박사는 제게 이렇게 물었습니다. "당신은 지금 행복하십니까?" 저는 그 질문에 크고 분명한 목소리로 대답했습니다. "예, 너무나도 예쁜 손녀가 태어나 너무너무 행복합니다!" 그 순간, 세상이 다 아름다워 보였습니다. **행복은 결국 나의 마음속에서 출발**한다는 것을 다시금 느끼게 되었습니다.

그렇다면 어떻게 해야 나 스스로 행복해질 수 있을까요? 다음과 같은 4가지를 생활 속에서 실천해보면 좋겠습니다.

첫째, 사람에게 너무 기대지 말아야 합니다. 그리고 대가를 바라지 말아야 합니다. 자식도 마찬가지입니다. 스무 살이 넘은 자식, 결혼한 자식은 남이라 여기고 살면 마음이 편합니다.

둘째, 내 시간을 나에게 우선 배분해야 합니다. 남을 위해 너무 많은 시간을 쏟지 말고, **나 자신과 가족이 최우선**이라는 기준을 세워야 합니다.

셋째, 행복은 멀리 있지 않습니다. 매일매일 거저 주어지는 나날 같지만, 우리 모두 내일 당장 어떻게 될지 알 수 없습니다. 그것이 바로 인생입니다. 아침에 눈을 뜨고, 오늘도 살아 있다는 사실만으로도 행복할 이유는 충분합니다.

넷째, 작은 것에 감사해야 합니다. 자신을 남과 비교하며 평가하기보다는 지금 내가 가진 것을 소중히 여기는 것이 중요합니다. 누구나 힘든 순간이 있지만, 그런 시간 속에서도 삶의 가치를 발견하는 태도가 우리를 더 단단하게 만들어줍니다.

행복은 물처럼 흘러넘치는 것입니다. **내가 행복으로 가득 채워져야 내게서 흘러넘친 행복이 타인에게 전해질 수 있습니다.** 나 자신을 지키고 돌보는 일이 결국 좋은 인간관계의 출발점입니다. 먼저 나를 돌보고, 나를 사랑하고, 나를 존중하십시오. 그 행복이 가족, 이웃, 세상에 자연스럽게 전해질 것입니다.

■■ 살아오면서 가장 행복감을 느꼈던 순간이 언제인가요? 그 경험을 아래에 적어보세요.

16
나를 지키는
작은 습관

1993년부터 지금까지 매일 일기를 써 오고 있습니다. 물론 하루도 빠짐없이 한 페이지 가득 채운다거나 하는 건 아닙니다. 대신 10년간 일기를 쓸 수 있는 일기장을 사용해, 하루에 약 7줄 정도의 짧은 기록을 남깁니다. 일기장에는 그날 있었던 핵심적인 사건, 인상 깊었던 일, 혹은 남기고 싶은 감정을 짧게 적습니다. 특별한 일이 없거나 글이 잘 써지지 않을 때는 '감사 일기'로 대신합니다. 예를 들어 "오늘도 안전하게 출근하고, 무사히 집에 돌아올 수 있었음에 감사합니다"라는 식으로 소소하게 감사의 마음을 기록하는 것입니다. 감사 일기를 쓰다 보면, 아무리 힘든 날이라도 조금은 마음에 위로를 받고 스트레스가 가시는 느낌을 받게 됩니다.

언젠가 신문 기사에서 본 것이 떠오릅니다. 직장인의 우울증에 가장 큰 영향을 미치는 스트레스 요인 1위는 직장 스트레스라고 합니다. 그

외에도 가족을 포함한 대인 관계, 건강 문제, 경제적 문제 등이 우울증의 주요 원인으로 꼽힙니다. 직장 스트레스는 주로 과중한 업무, 상급자와의 갈등, 실적 압박 등에서 비롯됩니다.

특히 봄철에는 많은 직장인들이 스트레스를 심하게 받습니다. 인사이동, 부서 변경 등으로 새로운 환경에 적응해야 하는 상황에 처하기 때문입니다. 인간은 대체로 적응력이 뛰어난 동물이지만, 모두가 그런 것은 아닙니다. 새로운 환경은 누군가에겐 설렘이지만, 또 다른 누군가에겐 불안과 두려움일 수 있으니까요. 스트레스는 외부로부터 기인하는 경우도 많지만, 때로는 내면에서 자라나는 막연한 두려움에서 오기도 합니다. 그렇기에 감정이 심하게 요동칠 때, **혼자 해결하려 하지 말고 반드시 전문가의 도움을 받는 것이 좋습니다.**

다음은 스트레스를 해소하는 네 가지 방법입니다.

첫째, 산책입니다. 바깥 공기를 쐬며 자신이 처한 환경에서 벗어나면 생각의 흐름도 달라집니다. 고민거리와 나 사이에 거리를 둔다는 차원에서도 산책은 좋은 수단입니다. 잠시나마 고민하던 문제로부터 거리를 두고 주의를 **환기**할 수 있습니다.

둘째, 땀 흘리는 운동을 하는 것입니다. 등산, 자전거, 달리기 등 유산소 운동을 통해 스트레스를 몸 밖으로 흘려보내는 것입니다. 땀이 나는 만큼 머릿속에서 꼬리를 물고 이어지던 **생각의 고리도 끊어지고**,

몸과 마음이 가벼워집니다.

셋째, 좋아하는 일에 몰입하는 것입니다. 작게나마 성취감을 느끼는 것은 마음에 큰 위로를 줍니다. 정성스럽게 요리를 하거나 집안 정리정돈을 하거나 음악을 듣는 등의 소소한 활동을 하면 스트레스가 해소됩니다.

넷째, 감정을 메모하는 것입니다. 고민, 갈등, 걱정들을 메모장에 적어보세요. 글로 적다 보면 생각이 정리되고, **진짜 중요한 것이 무엇인지 보이기 시작합니다.** 특히 스트레스를 이기는 데 '감사 일기'는 작지만 확실한 힘이 있습니다. 감사한 일들이 조금씩 쌓이면, **마음속 스트레스는 서서히 사라지고, 삶의 균형도 다시 잡히기 시작합니다.**

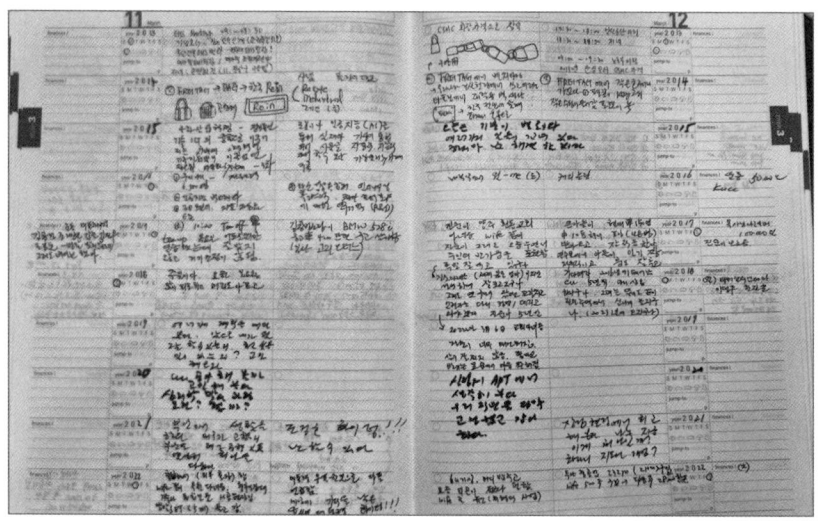

감사 일기를 적은 노트

■■ 스트레스를 해소하는 당신만의 방법이 있나요? 있다면 아래에 적어보세요.

17 자전거와 킥보드는 헬멧과 함께

많은 사람들이 건강을 지키고 즐거움을 얻기 위해 운동과 레저를 즐깁니다. 그러나 **안전을 신경 쓰지 않고 운동이나 레저 활동을 하면 오히려 건강을 해칠 수 있으며, 심한 경우에는 생명까지 위협당할 수 있습니다.** 그 대표적인 예가 자전거와 전동 킥보드입니다. 머리에 헬멧만 제대로 착용했다면 막을 수 있는 사고로 매년 300여 명이 목숨을 잃고 있습니다. 하지만 여전히 자전거나 전동 킥보드를 타는 사람들 중 절반 이상이 헬멧을 착용하지 않습니다. 불편하고 번거롭다는 이유 때문입니다.

오토바이의 천국이라고 불리는 베트남에 다녀온 적이 있습니다. 놀랍게도 오토바이를 타는 사람 중 헬멧을 쓰지 않은 사람은 단 한 명도 보지 못했습니다. 국민 소득은 우리나라보다 낮지만, 교통안전 의식은 훨씬 높다고 느꼈습니다. 또한 북유럽에서는 유아도 자전거를 탈 때 반드시 헬멧을 씁니다. 덴마크에서는 주부와 어린 자녀 모두 헬멧을 착용한 채 자전거를 탑니다. 이들은 어릴 때부터 안전 수칙을 철저히 배우기 때문에, 어른이 되어서도 안전을 생활화합니다.

반면 우리 사회에는 여전히 안전 불감증이 퍼져 있습니다. 중고등학생들이 헬멧 없이 킥보드를 타고 무단 횡단을 하다가 대형 사고를 당하기도 하고, 전역을 앞둔 20대 군인이 헬멧 없이 전동 킥보드를 타다 버스에 부딪혀 목숨을 잃은 일도 있었습니다. 이런 사고는 헬멧 착용 등 최소한의 안전 수칙만 지켰어도 충분히 예방할 수 있었습니다.

행복의 제1조건은 몸과 마음이 건강한 것입니다. 그러니 오늘부터, 아니 지금 이 순간부터 **자신의 건강을 최우선 가치로 두는 삶**을 살기로 결심해보면 어떨까요? 운동을 하되, 안전 수칙을 제대로 지키는 것부터 시작하면 됩니다.

■■ 정기적으로 하는 운동이 있나요? 있다면 그 운동을 할 때 필요한 안전 수칙을 아래에 적어보고, 평소에 잘 지키고 있는지도 적어보세요.

18 카시트는 행복을 지킨다

영유아를 위한 카시트는 단순한 유아용 물품이 아니라, 생명을 지켜주는 필수 안전장치입니다. 차량에 기본적으로 설치된 안전벨트는 성인 기준으로 설계되어 있어, 영유아의 체형과 신체 구조에는 적합하지 않습니다. 따라서 교통사고가 났을 때 영유아를 보호할 수 있도록 카시트를 반드시 사용해야 합니다. 도로교통공단 자료에 따르면, 전체 어린이 교통사고 사망자 중 자동차 승차 중 사망자가 절반 이상을 차지하고 있다고 합니다. 교통안전공단은 어린이용 더미 인형을 활용한 충돌 시험을 통해 카시트의 중요성을 입증했습니다.

- **카시트를 사용할 경우,** 머리에 심각한 손상을 입을 확률은 5% 미만
- **카시트를 사용하지 않을 경우,** 심각한 부상 가능성이 99%, 심지어 **사망 위험**까지 있다는 결과가 나왔습니다.

이는 단순한 수치가 아니라, 부모에게 아이의 생명을 지켜야 하는 책임과 의무가 있음을 경고하는 지표입니다. 실제로 승용차 뒷좌석에서 부모가 카시트 없이 아이를 안고 주행하면, 때에 따라 다르지만 안타깝게도 부모와 아이 모두 목숨을 잃는 경우가 많습니다. 차량이 충돌하는 순간의 충격으로 아이가 차량 밖으로 튕겨 나가는 경우도 많고요. 이런 종류의 사고에서는 카시트만 제대로 했어도 아이가 덜 다치거나 죽지 않을 수 있기에 안타까움이 더합니다.

지하 주차장 또한 영유아에게 예상치 못한 위험이 도사리는 공간입니다. 백화점이나 마트에서 쇼핑 후 귀가하여 짐을 내리는 불과 몇 분 사이, 아이들은 차 밖으로 나와 주차장 곳곳을 돌아다닙니다. 문제는 SUV 같은 차량의 경우 시야 사각지대가 넓어, 키 작은 영유아를 운전자가 보지 못할 가능성이 크다는 점입니다. 실제로 지하 주차장에서 발생하는 어린이 교통사고는 해마다 끊이지 않고 있습니다.

이런 사고를 막기 위해, 부모는 다음과 같은 행동 수칙을 반드시 지켜야 합니다.

- **주차를 마친 후 아이는 바로 차에서 내리지 않게 하기**
- **부득이하게 바로 내려야 할 경우, 아이의 손을 절대 놓지 않기**
- **집까지 아이의 손을 꼭 잡고 이동**
- **영유아 대상 교통안전 교육을 아이에게 반복적으로 실시**
- **정기적인 안전 교육을 받음으로써** 안전의 중요성에 대한 인식 강화

영유아는 사고의 위험을 인지하지 못하고, 자신의 신체를 스스로 보호할 수 없습니다. 따라서 사고의 1차 원인은 대부분 부모의 실수, 방치, 무지에서 비롯됩니다.

아이의 안전과 건강은 가정의 평안과 행복을 좌우합니다. 부모가 조금 더 주의를 기울이고, 작은 습관을 바꾸는 것만으로도 아이의 생명을 지킬 수 있고, 가정을 지킬 수 있습니다. 카시트는 그저 꼭 지켜야 하는 의무를 넘어, 부모의 사랑을 행동으로 표현하는 가장 기본적인 실천입니다.

■■ 자동차 내와 지하 주차장 외에 아이들의 안전을 주의해야 하는 곳이 또 있을까요? 생각해보고 아래에 적어보세요.

19 화재 발생 시 대피할 곳

몇 해 전, 부산의 한 아파트에서 화재로 인해 엄마와 세 자녀가 숨지는 안타까운 사고가 있었습니다. 당시 소방대원들은 화재를 진압한 후 해당 아파트의 발코니를 점검했는데, 그곳에 옆집으로 탈출할 수 있는 비상 탈출구가 있다는 사실을 확인했습니다.

출처: KBS 뉴스

숨진 자녀 중에는 초등학생도 있었기에, 초등학생에게 기본적인 화재 시 행동 요령과 탈출 교육이 의무화되었다면 모두의 목숨을 건질 수 있었던 정말 안타까운 사고가 아닌가 생각됩니다. 우리나라 초등학교 안전 교육의 현실을 되돌아보게 하는 계기도 되었고요.

어린이 안전 교육은 형식적으로 하고 넘어가는 것이 아니라 **실생활과 생명에 직결된 내용**이어야 합니다. 화재 시 초등학생이 꼭 알아야 할 행동 요령은 다음과 같습니다.

- **불장난은 어디서든 절대 금물**
- **우선 밖으로 대피한 뒤, 119에 신고하거나 옆집에 알림**
- **현관으로 탈출이 불가능할 경우**, 발코니의 **비상 탈출구를 이용해 옆집으로 대피**

1992년 이후 건축된 대부분의 아파트에는 발코니 경계벽에 경량 칸막이 형태의 비상 탈출구가 설치되어 있습니다. 이 칸막이는 석고보드 등 약한 재질로 만들어져 있어 망치나 발로 부숴 옆집으로 대피할 수 있습니다.

하지만 평소에 이곳을 창고처럼 여기고 자전거나 안 쓰는 물건을 쌓아 놓는 경우가 많아 화재 시 긴급 탈출이 불가능해지는 경우가 발생합니다. 비상 탈출구는 '생명의 통로'입니다. 절대 막지 마시고, 항상 비워두세요.

집의 비상 탈출구가 막혀 있지 않은지, 소화기는 제자리에 있는지, 화재보험은 가입되어 있는지 다시 한번 확인해보시길 권합니다. 화재는 예고하고 찾아오지 않습니다. 그러나 우리는 미리 준비하고 대비할 수 있습니다.

■: 가정에 소화기가 비치되어 있는지, 비상 탈출구의 상태는 어떤지 살펴보고, 그 결과를 아래에 적어보세요.

20 화재보험과 소화기

　　　　　　　　　화재보험은 내 집뿐 아니라 이웃도 지켜주는 최소한의 안전장치입니다. 2009년 5월에 실화책임법이 개정됨에 따라 화재가 발생한 집이 이웃집에 피해를 준 경우, **모든 책임은 최초 화재 발생자가 지게 됩니다.** 따라서 내 집이 전세이든 자가이든, 아파트든 빌라든 **무조건 화재보험에 가입해야 합니다.** 화재는 나 혼자만의 피해로 끝나지 않습니다. 꼭 화재보험에 가입해 만약의 사태에 대비해 이웃과 나를 함께 보호해야 합니다.

- **1년 보장성 화재보험료**: 약 2~3만 원
- **화재 시 보장 금액**: 최대 약 1억~2억 원

또한 소화기는 집 안에 반드시 두 종류를 갖춰야 합니다.

ABC급 분말 소화기(빨간색)

- 대부분의 가정용 화재에 대응 가능
- 아파트 신발장에 기본적으로 비치되어 있음
- 화재 발생 시, 골든타임 5분 이내 초기 진압 가능

K급 소화기(은색)

- 주방 내 기름 화재 전용
- 분말 소화기 사용 시, 불이 오히려 확산될 수 있음
- 산소를 차단하여 진화하는 방식

소화기 본체나 라벨에 '자동차 겸용' 표시가 되어 있어야 함

만약 주방에서 기름 화재가 났을 때 K급 소화기가 없다면, 배춧잎, 상추, 혹은 젖은 타월로 불을 덮어 산소를 차단하는 임시 조치를 취할 수 있습니다. 화재 발생 시 소화기 한 대는 골든타임 5분을 지켜주는 소방차 한 대의 역할을 합니다. 집들이 선물로 ABC급 소화기와 K급 소화기 세트를 적극 추천합니다.

또한 2024년 12월부터 차량용 소화기가 의무화되었습니다. 5인승 이상 모든 차에 소화기를 비치해야 합니다. 특히 엔진 과열이나 충돌 사고 후 화재가 발생하면 1분 내로 차량이 전소될 수 있는 위험한 상황에 처할 수도 있습니다. 그런 상황에서 차량용 소화기는 화재 진압에 큰 도움이 됩니다. 차량용 소화기는 선택이 아닌 필수입니다.

■■ 화재보험에 가입했나요? 자동차 내에는 차량용 소화기를 비치했나요? 보험 가입 여부와 차량용 소화기 비치 여부를 아래에 적어보세요. 또한, 집 안에서 화재를 예방하는 생활 습관을 생각해보고 적어보세요.

21

겨울철 캠핑 시 조심할 것

겨울철이 되면 캠핑 중 질식 사고가 종종 벌어집니다. 몇 해 전, 한 가족이 겨울철에 텐트 안에서 숯불을 피운 채 잠을 자다 산소 부족으로 질식사하는 안타까운 사건이 발생했습니다. 할아버지, 할머니, 그리고 손주가 함께한 가족 여행이 비극이 된 것입니다. 안전 수칙을 좀 알아두었더라면 발생하지 않았을 사고였기에 안타까움이 큽니다. 특히 손주와 함께 캠핑을 떠나는 일이 잦은 저 같은 사람에게는 더욱 가슴 아픈 소식이 아닐 수 없습니다.

겨울철의 산과 들은 해가 지는 순간부터 기온이 급격히 떨어지기 때문에 텐트 안은 금세 냉기로 가득 차게 됩니다. 그래서 많은 사람들이 나무 숯, 유류 난로, 가스 난로 등을 사용해 난방을 시도합니다. 하지만 환기가 되지 않은 상태에서 잠이 들면, 텐트 안 산소는 점점 줄어들고 결국 일산화탄소 중독으로 이어질 수 있습니다. 이러한 사고를 막기 위해 겨울철 캠핑 시 꼭 알아두어야 할 안전 상식을 소개합니다.

첫째, 산소 부족에 의한 질식사고를 예방하세요. 텐트 안에서 가스 난로, 유류 난로, 숯불 등 연료를 사용하는 난방 기구를 작동할 경우, 산소가 줄어들며 일산화탄소 중독 위험이 매우 높아집니다. 이러한 사고를 예방하기 위해 **일산화탄소 경보기**를 반드시 설치해야 합니다. 또한, 잠을 잘 때는 반드시 모든 난방 기기를 꺼야 하며, **보온성이 높은 침낭**을 준비해 체온을 유지하는 것이 바람직합니다.

둘째, 화재 사고에 대비하세요. 요즘은 실내에서 즐기는 캠핑인 '글램핑'도 인기가 많습니다. 글램핑을 할 때는 전기 합선이나 과열로 인한 화재가 발생할 수 있습니다. 난방기는 대부분 석유화학 제품이기 때문에 불이 붙으면 빠르게 번지고 유독가스를 발생시킵니다. 특히 시안화수소 같은 가스는 인체에 치명적이며, 짧은 시간 내 호흡 곤란으로 인한 패닉 상태를 유발할 수 있습니다. 따라서 아래의 사항들을 꼭 지켜야 합니다.

- 멀티탭에 플러그를 과도하게 연결해 사용하는 것은 절대 금지
- 전열 제품은 과열 위험이 있으므로 신중히 사용해야 함
- 텐트 내 전기 배선은 반드시 사전 점검을 거친 제품을 사용하는 것이 안전

셋째, 소화기를 반드시 준비하세요. 화재는 초기 대응이 가장 중요

합니다. 따라서 텐트 주위에는 **ABC 분말 소화기**를 여러 곳에 배치해 화재 발생 시 신속하게 진화할 수 있도록 준비해야 합니다. 참고로, ABC 소화기 한 대는 소방차 한 대와 맞먹는 초기 진화 효과가 있다고 합니다.

겨울철의 야외는 낭만적인 공간이 될 수도 있지만, 준비가 부족하면 안전과 건강에 치명적인 위험을 안겨주는 공간이 될 수도 있습니다. 모두가 안전 수칙을 지켜, 따뜻하고 즐거운 추억이 가득한 겨울 캠핑을 하시기를 진심으로 기원합니다.

■■ 겨울철에 야외에서 캠핑을 할 때 알아두어야 할 안전 대책이 더 있을까요? 조사해보고 아래에 적어보세요.

22
욕실에 전기 제품을
두지 말자

아파트 욕실에서 헤어드라이어를 사용하다가 감전이나 화재 사고로 크게 다치는 사례가 매년 수십 건씩 발생하고 있습니다. 특히 유아와 함께 욕조에서 목욕하던 중, 전기가 연결된 헤어드라이어를 유아가 실수로 욕조에 떨어뜨려 모녀가 전기 감전으로 숨진 안타까운 사고도 있었습니다. 이처럼 욕실에서 전기 제품을 사용하는 것은 매우 위험합니다. 특히 영유아가 있는 가정에서는 더욱 각별한 주의가 필요합니다. **욕실에는 헤어드라이어, 전기 면도기, 배터리 충전기 등 전기 제품은 절대 두지 마세요.**

휴대전화 충전기가 욕조에 빠지는 바람에 일어난 해외의 감전 사망 사고를 보도한 뉴스를 보았습니다. 사고를 당한 여성은 목욕을 하면서 휴대전화를 충전 중이었는데, 콘센트에 연결된 상태의 충전기를 실수로 욕조에 빠트린 것이 비극의 원인이 되었습니다. 이처럼 작은 부주의

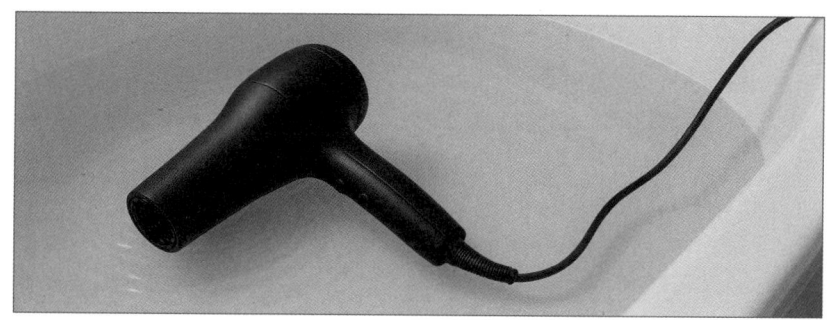

물이 담긴 욕조에 헤어드라이어가 빠지면 감전이 일어날 수 있다.

가 돌이킬 수 없는 결과로 이어질 수 있습니다.

영유아나 어린이가 감전 사고로 인해 호흡이 정지되었을 경우, 빠르게 심폐소생술(CPR)을 실시해야 합니다. 아래는 신생아부터 만 1세의 영유아, 만 1세부터 8세까지의 소아, 만 8세 이상의 어린이부터 성인까지 연령대별로 시행해야 할 기본 심폐소생술 방법입니다. 응급 상황에 대비해 반드시 숙지해두시기 바랍니다.

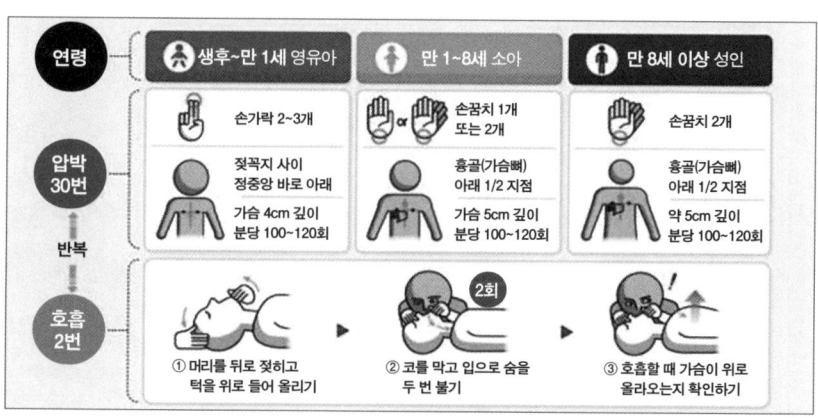

연령대별 기본 심폐소생술 방법(출처: 삼성서울병원)

■■ 심폐소생술 교육을 정식으로 받은 적이 있나요? 교육을 받았다면, 받은 후에 느낀 점을 적어보세요. 아직 받지 않았다면 교육을 받으러 갈 계획을 세우고, 아래에 적어보세요.

23 영유아 질식 사고 예방법과 응급처치

영유아에게 일어나는 질식이란, **음식물이나 물체 등이 기도를 막아 숨을 쉴 수 없는 상태**를 말합니다. 기도가 막히면 폐와 뇌로 산소가 공급되지 않아 뇌 손상을 유발할 수 있으며, 기도가 폐쇄된 시간이 길어지면 사망에까지 이를 수 있습니다. 영유아는 음식물을 삼키는 능력이 신체적으로 미숙하고, 무엇이든 입으로 가져가려는 경향이 강하기 때문에 질식 사고의 위험에 특히 취약합니다.

질식 사고의 주요 원인은 다음과 같습니다.

음식물이나 이물질
- 떡, 사탕, 땅콩, 포도 등은 작고 끈적거리거나 미끄러운 식감 때문에 영유아의 목구멍으로 넘어가기 쉬워 매우 위험한 음식입니다.

- 반지, 동전, 인형의 작은 부속(특히 눈 부분) 등도 아이들이 잘 삼키는 물건들이라 질식 사고의 주된 원인이 됩니다.

외부 압력
- 아이들은 푹신한 침구에 파묻히거나 옷에 달린 끈, 비닐봉지, 비닐테이프 등으로 목이 졸릴 수 있어 위험합니다.
- 특히 **수면 중 압박**으로 인한 사고가 자주 발생합니다.

질식 사고 예방법은 다음과 같습니다.
- **아이가 식사할 때는 항상 보호자가 지켜봅니다.**
- 음식은 반드시 **잘게 썰어서 제공**하고, 작고 끈적거리거나 미끄러운 음식(떡, 사탕, 땅콩, 포도, 씨가 있는 과일 등)은 먹이지 않습니다.
- **아이가 누운 상태에서 음식을 먹이지 않으며**, 음식물 섭취 중에는 뛰거나 웃지 않게 하고 급하게 먹지 않게 해야 합니다.

다음과 같은 증상이 보이면, 기도가 막혔을 가능성이 높습니다.
- 갑자기 말을 하지 못함
- 얼굴이 **자주색**으로 변함
- **헐떡거리거나** 이상한 소리를 냄

위 증상을 보이면 즉시 119에 신고한 후, 다음과 같이 하임리히법으로 응급조치를 시행합니다.

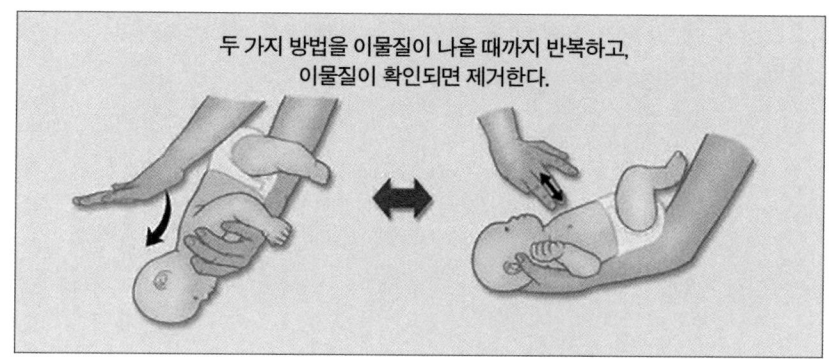

하임리히법 실시 요령(출처: 보건복지부)

1. 등 두드리기(back blows)
- 아이를 팔에 안고 얼굴이 아래로 향하게 합니다.
- 손바닥 밑부분으로 등 중앙을 5회 강하게 두드립니다.

2. 가슴 압박(chest thrusts)
- 아이의 얼굴을 위로 향하게 돌린 후,
- 양쪽 젖꼭지 사이의 가슴 중앙을 중지와 약지를 사용해 5회 깊게 누릅니다.
- 이물질이 나올 때까지 위의 두 동작을 반복합니다.

영유아의 질식사고는 대부분 부주의와 사고 예방 부족에서 비롯됩니다. 위험할 수 있는 물건이나 음식을 입에 넣지 않게 하고, 무언가를 먹을 때는 항상 곁에서 지켜보는 것이 가장 확실한 예방법입니다. 당황하지 않고 위급 상황에 대처할 수 있도록 응급처치 방법을 평소에 익혀 두는 것이 아이의 생명을 지키는 중요한 열쇠가 됩니다.

■■ 집 안에 영유아가 삼킬 수 있는 이물질에는 또 어떤 것이 있는지 아래에 적어보세요.

24 운동도 정기적금처럼

정기적금이란, 일정 금액을 일정 기간 동안 금융기관에 맡기고 그 기간 안에는 인출하지 않기로 하고 드는 적금입니다. 이 개념을 일상생활 시 건강 관리에 적용해볼 수 있습니다. 즉, 돈을 모아 목돈을 만드는 것처럼 **운동도 매일매일 조금씩 쌓아가는 저축이라고 생각하는 것입니다.** 이렇게 꾸준히 운동을 하면 근육량 증가와 건강 유지, 나아가 수명 연장에 큰 도움이 됩니다.

필자는 매일 출근 시 대중교통을 이용합니다. 처음에는 버스를 타야 하는데, 일부러 한 정거장 거리를 걸어가 타는 습관을 들였습니다. 약 10분 정도 걸어서 정류장에서 버스를 타고 지하철 6호선 화랑대역에 도착한 후, 동묘앞역에서 내려 5분 정도 걸어 1호선으로 환승하여 영등포역에서 내립니다. 지하철역에서 다시 10분 정도 걸으면 회사에 도착합니다.

이처럼 출퇴근길에 걷는 시간은 총 50분 정도입니다. 점심 식사 후에는 회사 주변을 약 20분 정도 산책하고, 퇴근 후에는 아내와 함께 저녁 식사를 한 후, 아파트 13층까지 계단을 3회 오르는 운동을 합니다. 이러한 생활 속 운동으로 하루에 2만 보 가까이 걷게 됩니다.

5월부터 10월까지는 퇴근 후 저녁 6시 40분쯤 집에 도착하자마자 저녁 식사 후 자전거를 탑니다. 저희 집 주변은 자전거 도로가 잘 정비돼 있어 한두 시간 매일 즐겁게 타는 편입니다. 매일 반복하다 보니 하체 근육이 많이 강화되었습니다. 운동을 한다는 부담은 적지만 꾸준히 할 수 있는 효자 운동입니다. 11월부터 4월까지는 해가 빨리 지기 때문에 야간 자전거 라이딩은 중단하고, 그 대신 아파트 계단 오르기를 계속합니다. 아내와 함께 13층을 3회 오르며, 겨울철에도 체력 관리를 이어갑니다.

집 주변에서 자전거를 타다가 한 컷

또한 아내와 함께 불암산으로 등산도 자주 갑니다. 한 달에 1회 정도 꾸준히 하고 있으며, 겨울철 눈이 쌓인 날에는 아이젠을 착용해 안전하게 등산을 합니다. 땀을 흘리며 움직이는 것 자체가 정말 큰 행복이라는 것을 느낍니다.

필자는 건강 검진에서 초기 당뇨 진단을 받은 상태입니다. 그래서 혈당을 효과적으로 내려주는 식후 걷기가 중요합니다. 식단도 철저히 관리하고 있는데요, 점심은 면류나 기름기 많은 중식보다는 잡곡밥과 채소 위주의 한식을 선택합니다. 밥은 일반 성인 권장량의 1/2 분량으로 줄이고, 간식도 빵이나 과자보다는 우유나 견과류로 대체합니다.

이렇게 걷기, 자전거 타기, 계단 오르기, 등산, 그리고 저탄수화물 중심의 식단 관리를 병행한 결과, 해마다 받는 종합 검진에서 혈당 수치와 당화혈색소 수치가 점점 정상 범위에 가까워지고 있습니다.

건강은 하루아침에 얻을 수 있는 것이 아닙니다. 작은 실천이 쌓이고 쌓여 나중에 큰 보상으로 돌아오는 '운동 정기적금'을 시작해보면 어떨까요?

■■ 최근 1주일 동안 매일 어떤 운동을 했는지 아래에 적어보세요.

25

불편하고 위험한 상황은
국민신문고에 신고

　　미국에서는 아무리 가까운 이웃이라도 사건이나 사고가 벌어지면 곧바로 신고하는 문화가 자리 잡고 있습니다. 특히 미국으로 이민을 가는 한국인들은 부부 싸움조차 조심해야 한다는 말이 있을 정도입니다. 미국에서는 이웃집에서 고함 소리가 들리기만 해도, 즉시 경찰에 신고하는 경우가 많습니다. 경찰은 즉시 출동해 폭력이 일어났는지 확인하고, 고성을 지른 사람을 현행범으로 체포하거나 벌금을 부과합니다. 벌금은 경우에 따라 수천 달러에 달하기도 합니다. 따라서 미국에서는 사소한 부부 싸움조차 절대 해서는 안 되며, 특히 물리적 폭력을 행사한다면 평생을 망칠 수 있는 엄청난 대가를 치르게 됩니다.

　　이러한 현실을 잘 모르는 일부 한인 부부들이 그들 기준으로는 사소한 언쟁을 벌이다 도메스틱 바이얼런스(domestic violence)라는 죄목으로 체포당하는 일이 실제로 벌어집니다. 특히 교사, 공무원 등의 직업을 가진 이들은 범죄 이력이 남아 이직 시 큰 불이익을 받을 수 있으며, 영주권에 문제가 생기는 일까지 있습니다.

최근 우리나라도 불법 행위나 생활 속 불편에 대한 신고 의식이 높아지고 있습니다. 과거에는 신고를 해도 이행이 늦거나 개선되기까지 시간이 오래 걸리는 경우가 많았습니다. 하지만 지금은 인터넷과 모바일의 발달로, '국민신문고' 같은 제도를 통해 불편 사항을 빠르게 신고하고, 신속한 조치를 받을 수 있게 되었습니다. 사진 몇 장만 첨부해 신고 사항을 올리면 1주일 이내에 개선되거나, 조치 예정일이 기재된 회신 메일을 받게 됩니다. 정말 바람직한 현상입니다.

저는 지금까지 총 5건의 신고 경험이 있으며, 최근에도 1건을 신고하였습니다. 주로 지역 주민들의 안전 및 환경과 관련된 건들입니다. 다음은 제가 실제로 신고한 사례들입니다.

가로수 고사 및 곰팡이 발생
- 남양주 별내동 도로변에 가로수로 심어진 단풍나무가 대부분 고사했고, 줄기엔 곰팡이가 퍼져 있었습니다.
- 이에 국민신문고를 통해 단풍나무 제거 및 수종 변경 제안을 하였고, 관공서의 해당 과에서 가로수 수목을 변경하고 있다고 합니다.

하천에 유입된 흙탕물

- 여름철 주말 자전거를 타다 별내천의 물이 탁해진 것을 발견했습니다.
- 평소 맑은 물이 흐르고, 오리와 두루미 등 철새가 서식하는 생태 하천인데, 근처 공사장에서 흙탕물이 유입되고 있었습니다.
- 담당 공무원에게 강력히 개선 조치를 요청하고 3일 후 확인해 보니 원래대로 깨끗한 물이 흐르고 있었습니다. 흙탕물은 주변 공사장에서 유출된 것이었고, 즉시 조치했다고 합니다.

지하철역 석재 코너

- 지하철역 엘리베이터 출입구에 석재 코너가 있어, 아이들이 넘어졌을 때 크게 다칠 것 같았습니다.
- 충격 방지용 덮개 설치를 제안했고, 1주일 뒤 현장 방문 시 실제로 노란색·검은색 충격 방지 커버가 설치된 것을 확인했습니다. 빠른 피드백을 받아 만족스러웠고 감동적이었습니다.

지하철역 출입구의 석재 코너에 설치된 보호 커버

파손된 쉼터 데크 바닥
- 별내 자전거 도로에 있는 주민 쉼터 데크 바닥이 폭우로 파손된 상태였습니다.
- 데크 바닥이 들리거나 패여 있어 노인이나 영유아가 넘어질 위험이 컸습니다.
- 바로 국민신문고에 사진을 첨부해 신고했고, 해당 시설물은 즉시 보수 공사를 통해 개선되었습니다.

'신고'는 단순한 불평불만이나 문제 제기가 아닙니다. 사회에 대한 책임과 관심의 표현입니다. 잘못된 것을 그냥 넘기지 않고, 제도적으로 해결을 요청할 수 있다는 점에서 우리 사회는 훨씬 더 건강한 방향으로 나아가고 있습니다. 국민 한 사람, 한 사람의 작은 신고가 많은 사람들의 안전과 편의로 이어질 수 있습니다. **불편을 느꼈다면 고민하지 않고 바로 신고하는 용기, 그것이 진정한 시민 의식입니다.**

■■ 불편하거나 위험한 상황을 발견했을 때 어딘가에 신고하는 것 외에 다른 해결 방법을 생각해보세요. 해결 방법이 있다면 아래에 적어보세요.

26 반려동물이 주는 행복

반려동물은 주인에게 기쁨을 주는 단순한 애완동물이 아니라, **인간과 함께 세상을 살아가는 존재**입니다. 최근에는 사회적으로도 개나 고양이 등을 가족 구성원으로 자연스럽게 받아들이는 분위기가 확산되고 있습니다.

저는 2007년부터 흰색 푸들 '버디'를 키우기 시작했습니다. 가끔 골프 TV를 보다가 해설자가 "나이스 버디!"라고 외치면, 자기 이름을 부르는 줄 알고 자다가도 벌떡 일어나 다가올 만큼 영특한 아이였지요.

사실 버디를 키우기 전에는 늘 이렇게 생각했습니다. '개는 털도 많이 빠지고 비위생적인데, 도대체 왜 집 안에서 키우는 거지?' 특히 강아지와 뽀뽀를 하는 사람들을 보면 도무지 이해가 되지 않아 질색했습니다. 그래서 아내가 태어난 지 2개월 된 버디를 갑자기 데려왔을 때, 크게 화를 내며 키우기 싫다고 했습니다. "한 달 뒤엔 반드시 주인에게 돌려주거나 다른 사람에게 줘!"

하지만 한 달이 채 되기도 전, 아무리 늦게 퇴근하는 날이라도 문 앞에서 격하게 반겨주는 버디의 애교에 무너져버렸습니다. 쓰레기를 버리러 나가느라 불과 몇 분 헤어졌다가 다시 보아도 꼬리를 흔들며 반기던 녀석. 버디에게 흠뻑 빠진 제가 오히려 먼저 "그냥 우리가 키우자"라고 말했지요. 언젠가부터 버디는 제게 껌딱지처럼 딱 달라붙어 어디든 졸졸 따라다녔습니다. 그렇게 버디는 저희 부부에게는 셋째 아들과도 같은 존재, 우리 가족에게는 천금을 줘도 못 바꿀 보물 같은 존재가 되었습니다. 아들만 둘인 다소 딱딱한 분위기의 집안에서 버디는 특유의 재롱으로 저희 가족을 화목하게 해주었습니다. 제게는 스트레스를 해소하고 안정감을 느끼게 하는 데도 큰 역할을 했으며 저희 부부에게는 삶의 낙이 되어주었지요. 또한 버디는 똑똑한 견종답게 간단한 훈련을 시키면 곧잘 시키는 대로 해 귀여움을 독차지했습니다. 아침에 출근 준비를 하면서 제가 "버디야, 양말 좀 가져와"라고 말하면, 버디는 아내에게 달려가 짖으며 양말을 달라고 했습니다. 아내가 양말을 버디에게 주면 양말을 문 채 달려와 꼬리를 흔들며 제게 가져다주곤 했지요.

어느 날은 제가 『라이언 킹』이라는 영화를 보고 있는데, 어느새 버디가 제 옆에 조용히 와서 함께 영화를 보더군요. 그 순간을 아내가 사진으로 남겼습니다.

필자와 함께 영화를 보는 반려견 버디

　버디는 15년을 함께 살다가 2022년 12월 1일 우리 가족 곁을 떠났습니다. 고생스럽지 말라고 그런 건지 딱 3일만 앓고 세상을 떠난 참 효자 같은 아이였지요. 지금 버디의 유골함은 남양주 수동 텃밭의 양지바른 곳에 묻혀 있습니다. 버디가 떠나고 나서 저희 가족 모두 펫로스 증후군을 겪었고, 버디의 빈자리를 느끼며 반년 정도 무척 힘든 시간을 보냈습니다. 하지만 버디와 함께 지내는 동안, 그리고 버디를 보낸 후 가족 모두 생명과 존재에 대해 깊이 생각하게 되었습니다.

　필자는 종종 강의를 나갈 때마다, 특히 장년층에게 반려견과 함께 생활하는 것을 추천하고 있습니다. 아들만 있는 집에서 반려견을 키우면 정서가 함양되어 집안 분위기가 한층 부드러워지고, 웃음도 늘어납니다. 아기들이 있는 집도 마찬가지입니다. 의학적으로도 아기가 있는 집에서 아기와 강아지를 함께 키우면 면역력이 증가한다는 연구 결과가 나와 있습니다. 실제로 제 조카는 아기와 강아지를 함께 키우고 있는데, "아이가 알레르기도 없고, 강아지가 보호자 역할까지 해준다"라고 자랑합니다. 남자 어르신 같은 경우에는 새벽 시간에 운동이나 산책을 나가면 여성들이 불편함을 느끼는 경우가 있을 수 있습니다. 그러나 반려견과 함께 다니면 사람들에게 친근한 인상을 주어 경계심 없이 편안한 동네 이웃으로 대한다고도 하더군요. 지금은 어느덧 반려견 1,000만 시대입니다. 마음에 여유가 있는 분들은 반려견과 한 번쯤 살아보시기를 적극 추천해드립니다.

이 글을 쓰고 있자니 무지개다리를 건넌 버디가 정말 보고 싶고 그립습니다. 버디야, 무지개 나라에서 친구들과 잘 놀고 있지? 너는 영원히 우리 가족이야.

■■ 반려동물을 키워본 적이 있나요? 있다면 반려동물과 함께하면서 어떤 점을 느꼈는지 적어보세요.

27 심장이 떨릴 때 떠나자

여행은 언제 떠나는 것이 좋을까요? 우연히 이런 문장을 본 적이 있습니다. "여행은 심장이 떨릴 때 가는 것이지 다리가 떨릴 때 가는 것이 아니다." 마음이 동한다면 지금 당장 떠나십시오. 오늘 예약하고 내일이라도 바로 출발하는 것이 가장 좋습니다.

흔히 여행은 세 번 즐긴다고 합니다. 떠나기 전 한 번, 길 위에서 한 번, 다녀와서 한 번. 이렇게 여행을 하면 추억이 세 배로 쌓이겠지요. 저는 아내와 함께 여행하는 것을 좋아하고, 다녀와서 추억을 되새기며 여행을 다시 즐기는 일을 소중히 여깁니다. 여행 중 찍은 사진과 추억을 하나하나 소환해 앨범을 만들며 여행을 복기하는 것이지요.

저희 부부는 2017년부터 지금까지 8년 동안 미국 동부, 동유럽, 두바이, 스페인, 포르투갈, 미국 서부, 튀르키예, 북유럽, 이탈리아 등 20여

개 국가를 다녀왔습니다. 저는 자유여행보다 패키지 여행을 선호합니다. 자유여행은 시간에 구애받지 않고 원하는 장소를 마음껏 둘러볼 수 있다는 장점이 있지만, 비용이 많이 든다는 단점이 있습니다. 패키지 여행은 가성비가 훌륭하고, 여행 코스와 이동을 신경 쓸 필요가 없어 정신적 스트레스가 적습니다. 또한 새로운 사람들을 만나는 재미도 쏠쏠합니다.

홈쇼핑에서 판매되는 패키지 여행은 타이밍이 생명입니다. 가끔 홈쇼핑에서는 해외여행 비즈니스석 상품을 기획전으로 저렴하게 판매하는 경우가 있습니다. 이럴 때는 광고를 보자마자 바로 예약하는 것이 최선입니다. 일단 예약해두고, 일정이 맞지 않으면 나중에 취소해도 됩니다. 필자는 2022년에 북유럽 5개국 비즈니스석 패키지 여행을 1인당 490만 원대에 예약하고 다녀왔습니다. 항공사는 루프트한자였고, 프랑크푸르트에서 헬싱키로 경유하는 코스였습니다. 당시 북유럽 왕복 비즈니스 항공권만도 800~1,000만 원대였으니, 정말 운 좋게 잘 다녀온 여행이었습니다.

미국 서부 앤털로프 캐니언

덴마크 니하운

노르웨이 비겔란 조각 공원

미국 서부 10일 비즈니스석 패키지 여행도 그랬습니다. 2019년 어느 주말에 홈쇼핑 방송을 보다가 인당 450만 원대로 나온 상품이 있길래 결제해서 다녀왔습니다. 같이 간 신혼부부는 다소 늦게 예약한 탓에 1인당 850만 원을 냈다고 하니, 저희는 무려 400만 원을 절약한 셈입니다.

덴마크 코펜하겐

해외여행을 계획할 때, 패키지 여행을 염두에 두고 있다면 홈쇼핑 패키지 여행을 노리는 것이 좋습니다. 특히 비즈니스석 기획전은 놓치지 말아야 합니다. 그리고 한 가지 더 당부하자면, 여행은 경비를 다 모을 때까지 기다려서는 절대 갈 수 없습니다. 카드를 미리 긁어서라도 떠나야 합니다. 여행은 타이밍입니다. 오늘 예약하고, 내일 떠나세요.

:: 가족여행을 간다고 가정하고, 여행 계획을 세워서 적어보세요.

에필로그

지금 걷지 않으면
내일은 뛰어야 한다

　　　　　　　　　　최근 우리나라 경제가 심각한 침체 국면에 접어들고 있다는 뉴스가 연일 보도되고 있습니다. 대표적인 내수 업종인 음식점 등은 통계 집계 이후 전례 없는 장기 불황을 겪고 있습니다. 각종 데이터를 살펴보면, 앞으로의 전망 또한 매우 불투명합니다.

　이처럼 암울한 시기일수록 노후 준비는 더욱 막막하게 느껴집니다. 돈 없이 오래 산다는 것은 매우 위험한 일입니다. 젊을 때부터 미리미리 노후를 준비하고, 퇴직 후에는 준비한 바를 실천에 옮기는 지혜로운 선택이 필요합니다. 우리는 퇴직 후 짧게는 7만 시간, 길게는 9만 시간

이상을 보내야 합니다.

정년 없이 일할 수 있는 자격증을 취득하거나, 취미를 발전시켜 수익을 얻는 것도 훌륭한 노후 준비가 될 수 있습니다. 물론 퇴직 전에는 조직 생활에 치여 하루하루 주어진 업무를 처리하는 것도 벅차게 느껴지는 것이 사실입니다. 이로 인해 퇴직을 준비하기가 쉽지 않은 것도 현실이고요. 그러나 세상일은 마음먹기에 달려 있습니다. 하고자 하는 의지만 있다면 길은 반드시 보이고, 방법도 찾을 수 있습니다. 하기 싫다면 무엇이든 핑계로 삼게 될 뿐입니다.

인생은 단 한 번뿐입니다. 당신이 퇴직을 앞두고 있다면, 이제는 타인 중심의 삶이 아니라 스스로 주도하는 인생을 살아가야 합니다. 그것도 가급적 빠른 시일 내로요. 자신이 주인공인 인생의 하루하루를 보람 있게 보내시기 바랍니다.

이 책에는 100세 시대를 맞아 회사와 가정, 그리고 일상 속에서 최대한 나를 위하여 슬기롭게 살아가는 70가지 방법을 담았습니다. 책의 내용 중에서 '이건 내게 맞겠다' 싶은 것이 있다면, 망설이지 말고 지금 당장 실천에 옮기십시오. 물론 실제로 움직여보면 무리라고 느껴지거나, 끝까지 하기 어렵다고 느껴질 수도 있습니다. 하지만 스스로 한계를 짓지 말고, 웬만하면 일단 과감히 도전하시면 좋겠습니다.

　주도적인 삶을 살기 위해서는 남들보다 단 한 걸음이라도 먼저 나아가야 합니다. 지금 걷지 않으면 내일은 뛰어야 할지 모릅니다. 꿈만 꾼다고 목표가 이루어지지는 않습니다. 매일 조금씩 작은 성과를 만들어가는 것이 중요합니다. 당신이 노후에 더욱 행복하고 아름답게 살 수 있도록 하루하루 준비하기를 진심으로 기원합니다.

　끝으로, 이 책을 출판할 수 있도록 길을 인도해주신 하나님께 모든 영광을 돌립니다.

참고문헌

1. 가와기타 요시노리 저, 송소영 역(2012). 『마흔, 인간관계를 돌아봐야 할 시간』. 걷는나무.
2. 김재필(2015). 『후회하지 않는 직장생활을 위해 꼭 알아야 할 것들』. 북허브.
3. 김옥림(2024). 『품위 있게 나이 든다는 것』. 미래북.
4. 강성룡(2025). 『인공지능 시대, 이제는 성품이 경쟁력이다』. 코어리더십센터.
5. 김도윤(2021). 『럭키—내안에 잠든 운을 깨우는 7가지 법칙』. 북로망스.
6. 김소연, 김병수, 정광채(2006). 『그들은 어떻게 임원이 되었을까』. 아인북스.
7. 김미경(2024). 『김미경의 딥마인드』. 어웨이크북스.
8. 김미경(2024). 『새로운 우주로 바꾸는 성장비결』. 퍼플.
9. 대치동 키즈(2020). 『내 집 없는 부자는 없다』. 원앤원북스.
10. 로저 피셔·다니엘 샤피로 저, 이진원 역(2013). 『원하는 것이 있다면 감정을 흔들어라』. 한국경제신문.
11. 문석근(2021). 『아내 몰래 비상금 3억 모으기』. 파지트.
12. 이희경(2009). 『성공하는 1% 직장인 탐구생활』. 이콘.
13. 이현우(2024). 『마음을 움직이는 설득의 기술』. 창작시대.
14. 이명로(2023). 『영업의 신』. 문학동네.
15. 이선종(2013). 『내 인생의 감성을 흔드는 긍정의 습관』. 아이템북스.
16. 이택호(2021). 『죽기 전에 더 늦기 전에 꼭 해야 할 42가지』. 미래의서재.
17. 이상헌(1990). 『시집 가는 딸에게』. 청림출판.
18. 박혜란(2025). 『믿는 만큼 자라는 아이들』. 나무를심는사람들.
19. 박신애(2011). 『인맥이 힘이다』. 신한M&B.
20. 박정조(2023). 『홀로 빛나는 리더는 없다』. 문학세계사.
21. 박춘성(2019). 『새벽 4시, 꿈이 현실이 되는 시간』. 북랩.
22. 박상미(2020). 『관계에도 연습이 필요합니다』. 웅진지식하우스.
23. 세이노(2024). 『세이노의 가르침』. 데이원.
24. 조관일(2011). 『직장을 떠날 때 후회하는 24가지』. 위즈덤하우스.
25. 정성훈(2021). 『N잡러 시대의 슬기로운 직장생활』. 한월북스.
26. 정민(2023). 『리더의 도구』. 매일경제신문사.
27. 정민(2025). 『위대한 리더가 되고 싶다면 공감하라』. 미다스북스.
28. 표찬(2017). 『부동산 재테크 역세권이 답이다』. 매일경제신문사.
29. 최재천(2025). 『최재천의 희망수업』. 샘터사.

추천사

정림씨엠건축사사무소 방명세 대표이사

이 책의 저자는 한시도 가만히 있지 않는 열정적인 엔지니어입니다. 회사 일, 외부 건설사업 관리, CM안전협의회 등의 대외 활동, 여행, 취미에 관하여서도 말입니다. 어떻게 그런 부지런함과 열정이 지속될 수 있는지 궁금했습니다. 평생 위아래로 치인 세대이자 부모를 봉양하는 마지막 세대이고, 자식 세대로부터 독립해서 살아야 하는 첫 세대가 살아가야 하는 노후의 지혜를 이 책을 통해 알게 되니 유익하고 든든합니다.

법무법인 율촌 정유철 변호사(건설클레임연구소 소장)

『100세 시대 생존법』은 평생 직장인으로 살아온 저자의 삶에서 우러나온 현실적인 지혜가 담긴, 그동안 우리가 알고 있었지만 실천하지 못했던 노후 준비의 핵심을 짚어주는 보물 같은 책입니다. 특히 취업한 자녀에게 급여 이체로 용돈을 받는 방법 등 인생의 중요한 단계마다 필요한 지혜로운 선택들이 생생한 경험담과 함께 소개되어 있어, 이 책 한 권으로 당신의 노후를 든든하게 준비할 수 있을 것입니다.

한국스마트안전보건기술협회 박병근 수석부회장

이 책은 우리가 실생활에서 쉽게 시도하지 못하지만 꼭 실천해야 하는 것들을 현실적으로 잘 정리해 놓은 글입니다. 저를 롤 모델로 생각해주고 성장의 동력으로 삼아준 건설안전 전문가이자 저자인 후배의 모습에 감사와 찬사를 보냅니다. 그 필요성을 알면서도 하기 어려운 노후 준비에 도움이 될 이 책의 일독을 권해봅니다.

두산건설 CSO 이강홍 대표이사

이 책의 저자는 한시도 가만히 있지 않는 열정적인 엔지니어입니다. 회사 업무는 물론이고, 외부 건설사업관리(CM), 안전협의회 회장 등 각종 대외 활동에서도 열정적으로 참여하며 여행이나 취미 생활에서도 항상 에너지 넘치고 적극적인 모습을 보여줍니다. 어떻게 그토록 부지런함과 열정을 꾸준히 유지할 수 있을까 늘 궁금했지만, 그 중심에는 '기록하고 실천하는 습관'이라는 그만의 자기 관리 철학이 있었습니다. 저 역시 기록하는 습관이 삶의 원동력이 되어 정림씨엠 대표이사 자리까지 오를 수 있었기에 저자의 이러한 태도와 철학에 깊이 공감하며 진심으로 응원하고 있습니다. 이 책은 우리에게 실용적인 생존 지침을 넘어, 삶의 균형을 유지하고 노후를 현명하게 준비하는 데 큰 도움을 주는 '인생 안내서'라 할 수 있습니다. 이 책을 통해 노후의 지혜를 알게 되어 유익하고 든든합니다.

숭실대 안전융합대학원 이준원 교수

지혜롭고 열정적이고 안전에 진심인 저자의 『100세 시대 생존법』을 읽으면서 많은 부분에서 공감했습니다. 이 책은 젊은 층에게는 보람된 인생을 살려면 어떻게 살아가야 하는지에 대한 지침을 주고 있고, 노년을 맞는 분에게는 행복한 노후 생활을 보장하기 위한 삶의 방향을 잘 제시해주고 있어 일독을 적극 권합니다.

안전정보 이선자 대표

이 책을 통해 노후 준비, 이제 막막해할 필요가 없다는 것을 느낍니다. 『100세 시대 생존법』은 누구나 쉽게 실천할 수 있는 노후 대비 지침서입니다. 건강, 경제 생활, 인간관계, 시간 관리, 자기 계발까지 인생 전반을 아우르는 실천법이 수록되어 지금 당장 시작하면 노후 60년이 든든해질 것입니다. 하루 한 가지만 책대로 실천해도 당신의 미래가 달라질 것입니다. 노후를 설계할 최고의 안내서로 강력히 추천합니다.

안전신문사 박연홍 대표

인생을 살아가면서 이 책에 실린 대로만 우리 생활을 잘 꾸려나간다면, 더 이상 무엇이 필요할까요? 저자를 오래도록 지켜보았지만, 이렇게 회사와 가정 그리고 일상에서 바르고 정직하게 살아가는 줄을 이제야 더욱 깊이 느꼈습니다. 저자가 안전 관련 행사나 세미나에서 종종 제 사진을 찍어 보내주곤 했는데, 그 정성과 마음이 더 크게 다가옵니다. 이 책은 단순한 생활 지침을 넘어, 인생을 올바르게 살아가는 데 꼭 필요한 통찰을 담고 있습니다. 모든 분들이 꼭 한번 읽어보시기를 진심으로 권합니다.

중앙노동위원회 류경희 상임위원

앞만 보고 달려오다 보니 어느덧 인생의 중간 역, 예순에 이르렀습니다. 종착역까지는 아직 멀기만 한데, 준비되지 않은 노후는 재앙이 될 수 있다고들 합니다. 평생 안전 업무에 몸담아온 저자가 이번에는 '노후'라는 주제로 예리한 통찰을 담아 실질적인 대책이 가득한 책을 펴냈습니다. 일종의 인생 후반기 위험성 평가(risk assessment)라고도 할 수 있겠지요. 이 책에는 직장, 가정, 그리고 일상 속에서 인생 후반기를 더 슬기롭게 살아갈 수 있게 하는 70가지 지혜가 담겨 있습니다. 노후를 준비하는 모든 분들께 일독을 권합니다.

한국건설기술인협회 안전관리기술인회 기성호 회장

우리는 누구나 준비된 노후를 꿈꿉니다, 하지만 실제로 노후 대비를 실행으로 옮기는 사람은 많지 않습니다. 『100세 시대 생존법』은 매우 실용적이고 현실적인 지침서입니다. 우리가 무심히 지나치기 쉬운 삶의 다양한 요소들을 따뜻하면서도 유쾌한 시선으로 풀어내며, 젊은 세대부터 장년층까지 모두에게 꼭 필요한 지혜를 담고 있습니다. 당당하게 나를 위한 삶을 살아가고 싶다면, 이 책 한 권이 든든한 길잡이가 되어줄 것입니다.

태영안전(주) 김정석 대표

작가와 인연을 맺은 지도 어느덧 20년이 훌쩍 넘었습니다. '안전'이라는 공통분모를 안고 다양한 자리에서 마주할 때마다, 언제나 자신감 넘치고 위트 있는 모습이 한결같다고 느꼈습니다. 그런 모습 이면에는 최고의 성과를 내기 위해 끊임없이 노력하고, 주변의 모든 것을 허투루 흘려보내지 않으며 자산으로 바꾸려는 태도가 자리하고 있음을 알고 있습니다. 작가가 전하는 '잘 살아가는 법'과 '잘 늙어가는 법'은, 우리 모두가 궁금해하던 삶의 해답이 되어줄 것입니다.

㈜당수산업개발 한천수 대표

이 책은 32년간 건설회사에서 직장 생활을 마친 저자가, 제2의 직장에서 74세까지 일하겠다는 목표 아래 하루하루 보람차게 살아가며 직접 혹은 간접적으로 체득한 생활의 지혜를 갈무리한 책입니다. 체험을 통해 확립된 유용한 지식들 — 즉 '암묵지'(暗默知, tacit knowledge)를 회사, 가정, 일상이라는 세 가지 분야로 나누어 간결하고 명료하게 정리해 놓았습니다. AI와 더불어 살아가야 할 젊은 세대는 물론, 은퇴를 앞둔 세대에게도 매우 유익한 책이 될 것입니다.

(사)한국안전인증원 김대수 원장

이 책은 현대인의 삶을 혁신적으로 변화시킬 수 있는 귀중한 지침서입니다. 단순히 노후 준비의 중요성을 강조하는 데 그치지 않고, 누구나 쉽게 따라 할 수 있는 실질적이고 구체적인 팁들로 가득합니다. 특히 가정, 직장, 일상 속에서 실천할 수 있는 다양한 방법을 통해 안정적이고 풍요로운 노후를 준비할 수 있을 것입니다. 이 책을 통해 얻은 지혜를 바탕으로, 오늘부터라도 작은 변화를 시작해보세요. 이 책이 여러분의 삶을 더욱 빛나게 만들어줄 것이라 확신합니다.

건설안전임원협의회(CSOC) 최수환 회장

혼란스럽고 불안한 시대에 인생의 중반을 지나며 저자는 미래를 고민하는 후배들에게 잔잔한 등불이 되고자 합니다. 평생을 안전 전문가로 살아온 저자의 글에는 단어 하나, 문장 하나마다 따뜻한 온기와 더불어 '안전하게 살아가는 삶'에 대한 명확한 방향성이 담겨 있습니다. 이 책이 인생이라는 여정을 지혜롭게 걷고자 하는 이들에게 깊은 울림을 전하고, 많은 이들에게 선한 영향력을 미치기를 진심으로 바랍니다.

기독교대한감리회 흰돌교회 김재곤 목사

"사람이 무엇으로 심든지 그대로 거두리라(갈라디아서 6:7)"라는 말씀은 진리입니다. 일찍부터 노후를 잘 준비하면서 살아온 작가는 내일 나의 삶은 오늘의 내가 심은 결과임을 확신합니다. 책은 재미와 의미가 모두 있어야 잘 읽힌다고 합니다. 이 책은 단숨에 읽힙니다. 저자가 성실과 열정을 실천하면서 살아온 이야기와 실제적인 노하우가 담겨 있어, 재미있게 읽어가다 보면 유용한 노후 준비 방법과 가치 있는 삶의 의미를 발견하게 될 것이라고 믿으면서 적극 추천합니다.

한국건설안전기술사회 문병무 회장

지혜롭고 열정적인 안전 전문가인 저자의 진심이 담긴 『100세 시대 생존법』을 읽으며, 이 책에 서술된 삶의 여러 순간에 깊이 공감할 수 있었습니다. 이 책은 젊은 세대에게는 보람 있는 인생을 살아가기 위한 방향을 제시하고, 은퇴를 앞둔 세대에는 행복한 노후를 준비하는 데 필요한 지혜를 명확하게 알려줍니다. 진심을 담아 일독을 권합니다.

> 前 두산건설 이병화 부회장
>
> 평범한 일상을 살아가면서도 언제나 최선을 다하고, 끊임없는 열정으로 기술사와 박사 학위를 모두 이뤄낸 작가는 진정한 엔지니어의 모범입니다. 신정동 재개발 아파트 현장에서 소장으로 근무하실 때, 협력업체들과 함께 체육대회를 개최하며 원청과 하청이 가족처럼 어우러지는 모습을 본 기억이 납니다. 그 따뜻하고 단단한 팀워크 및 'Trouble Zero' 실천이 지금도 인상 깊게 남아 있습니다. 작가의 철학과 소신, 그리고 행복에 대한 진심이 고스란히 담긴 이 책은 오랜 경험에서 우러나온 소중한 지혜로 가득 차 있어, 독자들에게 깊은 울림과 큰 배움을 전해줄 것입니다.

> 학군 ROTC 25기 진상현 회장
>
> 지식은 학문을 통해 얻어지고, 지혜는 경험을 통해 길러집니다. 이 책은 저자의 삶의 경험이 고스란히 녹아 있는, 지혜의 샘과도 같은 소중한 안내서입니다. 노후 준비를 어떻게 해야 하는지에 대한 해답을 친절하고 현실감 있게 제시하고 있으며, 독자가 자신의 삶을 성찰하고 미래를 계획할 수 있도록 돕습니다. 의학과 문명의 발전으로 이제는 100세를 넘어서는 삶이 현실이 되었습니다. 이 책을 통해 독자 여러분이 행복한 노후를 위한 지혜를 터득하고, 더욱 풍요로운 인생 후반전을 준비하시길 바랍니다.

한국기술사회 장덕배 회장

우리 사회는 이제 100세 시대를 넘어, 120세 시대를 준비해야 하는 시기로 접어들고 있습니다. 이 책은 노후를 어떻게 준비해야 하는지에 대한 해답을 실천적으로 제시하는 귀중한 안내서입니다. 특히 저자가 오랜 시간 연구하고 체득한 지식을 바탕으로, 독자와 진정성 있는 대화를 나누듯 써 내려간 점은 깊은 감동과 울림을 줍니다. 대한민국의 과학기술인, 건설기술인은 물론, 노후를 슬기롭게 준비하고자 하는 모든 분들께 이 책을 자신 있게 추천합니다.

㈜청도샘물 박배창 대표

예전에는 '10년이면 강산도 변한다'라고 했지만, 지금은 기술, 문화, 가치관의 변화 속도가 훨씬 빨라진 시대입니다. 이러한 변화에 빠르게 적응하기 어려운 5060 세대에게 노후는 막연한 불안과 초조함으로 다가올 수밖에 없습니다. 이 책은 그런 고민 앞에 선 우리에게 변화에 대처하는 유연한 자세를 따뜻하고도 명확하게 안내해줍니다. 노후 준비의 해답이 단순히 재테크에만 있는 것이 아니라, 지금 필요한 것이 무엇인지를 알려주는 것임을 이 책은 일깨워줍니다.

산업안전상생재단 안경덕 이사장

건축공학도이자 '안전'에 누구보다 진심인 작가는 인생 100세 시대를 어떻게 맞이해야 하냐는 질문에 답을 제시하고 있습니다. 행복한 100세 인생을 살아가기 위해서는 건강은 물론, 가족, 직장, 지역사회와의 끈끈한 연결이 반드시 필요합니다. 이 책은 그러한 삶을 지혜롭게 준비할 수 있는 실천적 가이드를 담고 있습니다. 자신의 삶을 더 풍요롭고 의미 있게 가꾸는 동시에, 타인을 배려하고 함께 나누는 삶을 통해, 우리 모두가 더 따뜻한 100세 인생을 살아갈 수 있기를 기대합니다.

한국CM협회 배영휘 회장

『100세 시대 생존법』은 인생 후반을 위한 따뜻하고 실천적인 조언이 담긴 책입니다. 저자의 36년 현장 경험과 삶의 통찰이 녹아 있어 누구나 공감하고 실천할 수 있는 지혜를 전합니다. 직장, 가정, 일상에서 적용 가능한 슬기로운 생활들은 삶의 본질적 가치를 다시 돌아보게 합니다. 특히 부모 자식 관계, 건강, 재정, 인간관계 등 실생활 전반에 도움이 되는 내용이 가득합니다. 이 책이 독자 여러분의 삶에 용기와 웃음을 더해주는 길잡이가 되기를 바랍니다.

한국보건안전단체총연합회 정혜선 회장

건설 안전 전문가인 작가가 뜻밖에도 노후 생활에 대한 인생 지침서를 집필하였네요. 직접적으로 활용할 수 있는 내용이라 누구든지 편하게 읽어볼 수 있습니다. 건설안전을 열정적으로 수행한 저자의 인생 노하우가 책 곳곳에 녹아 있어 단순한 노후 대비 매뉴얼뿐만이 아니라 삶을 살아가는 지혜와 전략이 체계적으로 담겨 있는 책입니다. 이 책에서 제시한 좋은 방안들을 실천할 수 있다면 행복하고 안전한 노후가 확실하게 보장될 것 같습니다. 많은 분에게 적극 추천합니다.

한국안전보건기술원 강부길 대표
추천인 역시 회사 생활 25년을 마무리하며 퇴사를 결정할 당시, 수많은 고민과 불안 속에 있었습니다. 이 책은 그러한 고민들을 하나씩 풀어주는 명쾌한 해답이 되어줄 것 같습니다. 퇴직을 앞두고 있거나 제2의 인생을 준비하는 분들께 이 책을 진심으로 추천해드립니다. 120세 시대를 살아가며, 뇌에서 세로토닌이 활발히 분비되는 행복한 삶을 꿈꾸는 모든 분들께 이 책이 따뜻한 길잡이가 되어줄 것입니다.

더원세이프티(주) 하행봉 대표(세로토닌 강사)
우리는 노후를 막연히 걱정하면서도 정작 어떻게 노후를 준비해야 할지 막막해합니다. 이 책은 그런 우리에게 꼭 필요한 지혜와 실제적인 방법을 담아냅니다. 화려한 자산이나 대단한 성공이 아니더라도, 작지만 실천 가능한 생활 습관과 태도 하나하나가 노후의 안전망이 될 수 있다는 것을 힘 있게 말해줍니다. 재정, 건강, 인간관계, 일상의 소소한 선택까지 삶의 모든 영역을 아우르며 제시된 70가지 제안은 그 자체로 삶의 나침반입니다. 저자인 조정호 박사는 인생을 즐기며 삶 자체를 이야기하듯 살아가는, 영혼이 맑은 사람입니다. 그가 집필한 이 책을 통해 보다 따뜻하고 안정된 미래를 발견하시기를 바랍니다.

| 삼영기업 이상준 CSO(전문건설안전보건협의회 회장)

이 책은 이제 막 사회에 발을 내디딘 청년부터 인생 2막을 준비하는 장년층까지 모두에게 필요한 '생활력 회복 매뉴얼'입니다. 이 책은 그저 이상적인 조언을 나열하지 않습니다. 작가가 실제 경험한 것을 바탕으로 자녀에게 당당히 용돈을 효과적으로 받는 방법, 가끔 약한 티 내기, 자격증 취득과 기록의 습관 등 누구나 고개를 끄덕일 만한 조언들이 솔직하고 유쾌하게 담겨져 있습니다. 노후를 포함한 삶 전체를, 그리고 자존심을 슬기롭게 지키고 싶은 모든 분께 이 책을 추천합니다.

| 실크로드시앤티 김수용 본부장

약 25년 전, 대구 두산 위브더제니스 건설 현장에서 처음 만난 저자는 긴 세월 동안 성실함과 배움에 대한 열정을 바탕으로 건설 안전 분야에서 탁월한 전문성을 쌓아온 엔지니어입니다. 이 책에는 직장과 가정, 일상에서 마주한 수많은 경험과 그 안에서 길어 올린 삶의 지혜가 담겨 있으며, 작지만 현실적인 조언 하나하나가 깊은 울림을 줍니다. 저자의 철학이 깃든 실용적 지침서로서 100세 시대를 살아가는 우리 모두에게 든든한 길잡이가 되어줄 것이기에 적극적으로 일독을 권합니다.

| 유치과의원 유광호 원장(치의학 박사)

저자는 배려심 깊고 성실하며, 학문에 대한 열정이 매우 진득한 후배입니다. 이번에 발간한 책은 그런 저자의 성품과 삶의 태도가 고스란히 담겨

있는 귀한 결과물입니다. 경험을 기록하는 습관, 실천을 중시하는 태도, 타인을 향한 따뜻한 배려가 곳곳에 스며 있어, 나이를 불문하고 모든 이들에게 큰 울림을 주고 도움이 될 책이라 확신합니다. 특히 중병이 의심되는 경우, 두세 곳 이상의 상급 병원에서 재검진과 진단을 받아야 한다는 내용에는 의료인으로서 깊이 공감합니다. 이 책이 독자들에게 사랑받고 오랫동안 기억되기를 진심으로 소망합니다.

(주)리스크제로 최영호 대표이사
항상 도전적이고 열정적이며 현명함이 깃든 삶을 살아가는 저자가 자신의 삶의 비결을 책에 담았네요. 100세 시대를 살아가는 동안 회사에서, 가정에서, 일상에서 알아야 할, 소소하지만 사실 매우 중요한 것들에 대한 팁이 가득합니다. 읽는 내내 웃음을 짓게 하고 메모를 하게 만드는 이 책을 추천합니다.

한국건설기술인협회 박종면 회장
이 책을 한마디로 표현하자면, '현실 밀착형 인생 매뉴얼'입니다. 건설안전 분야에서 30년 넘게 현장을 지켜온 열정적인 엔지니어이자 직장인인 저자가, 인생 전반에 걸친 70가지 조언을 유쾌하게 전합니다. 특히 '작은 용기와 약간의 뻔뻔함'이 필요하다는 저자의 솔직한 조언은 우리가 일상에서 망설였던 순간에 현실적인 길잡이가 되어줄 것입니다. AI 시대에도 한 인간으로서 주체적으로 살아가고 싶은 분들께 이 책을 권합니다.

㈜고어코리아 前 Country Leader 정영훈 대표

이 책은 인생이라는 긴 여정 속에서 저자가 직접 몸으로 부딪히며 얻은 통찰을 70가지 주제로 풀어낸 삶의 지혜입니다. 저자의 노하우는 나이가 들어 실천해도 분명히 생존의 기술이 될 수 있지만, 이를 젊을 때부터 선제적으로 실천하고 축적해나간다면 인생의 중심을 잃지 않고 주체적으로 살아가는 데 큰 힘이 되어줄 것입니다. 특히 이 책은 일상 속에서 실천하는 작지만 좋은 습관들이 얼마나 큰 변화를 만들어내는지를 깨닫게 해줍니다. 지금 이 시대를 살아가는, 삶의 방향을 찾고자 하는 모든 이들에게 진심으로 이 책을 추천해드립니다.

경기대학교 건축안전공학과 이병수 교수

'100세 시대, 급변하는 세상 속에서 우리는 어떻게 살아야 할 것인가?' 이 책은 이 물음에 대해 마치 오래 곁에 두고 싶은 인생 선배의 조언처럼 진솔하면서도 실천적인 지혜를 담아 다정하게 말을 건네줍니다. 저자는 오랜 시간 삶을 통찰하며 건져 올린 70가지의 주제를 통해, 우리가 매일 마주하는 선택의 순간에서 어떻게 하면 더 단단하고 더 지혜롭게 선택을 할 수 있을지를 알려주고 있습니다. 이 책은 단지 생존법에 머물지 않고, "삶의 품격"을 지키는 길, 또한 나이 들수록 더욱 빛나는 내면의 태도에 관한 이야기이기도 합니다. 한 장 한 장 넘기다 보면 어느새 '이렇게 살아도 괜찮구나' 하는 위안과 '이제는 이렇게 살아야겠다' 하는 다짐이 동시에 스며듭니다. 100세 시대를 살아가는 이들에게 이 책은 삶의 동반자가 되어줄 것입니다. 진심을 담아 이 책을 추천해드립니다.

> **경북대학교 건축학부 학과장 최열 교수**
'100세 시대, 그 긴 삶을 과연 어떻게 살아야 할까요?' 이 책에서 저자는 저 질문에 대해 매우 실질적이면서도 자신의 경험을 바탕으로 한 솔직하고도 슬기로운 생활 방향을 제시합니다. 저자의 체험을 통해 이 책은 자격증 취득, 자녀에게 당당히 용돈을 받는 방법, 질병이 의심될 때 병원을 어떻게 선택할 것인지 등 삶의 크고 작은 선택 앞에서 주저하지 않고 슬기롭게 나아갈 수 있는 70가지 지혜를 제시하고 있습니다. 누군가는 이 책을 읽고 "당연한 말 아니야?"라고 말할지도 모릅니다. 하지만 우리는 그 '당연한 말'조차 왜 제대로 실천하지 못하고 있을까요? 이 책은 그러한 당연한 것들을 실천할 수 있도록 우리에게 용기를 주고, 나 자신을 돌아보며 100세 시대에 걸맞은 인생을 스스로 설계해보자고 이야기합니다. 이 책은 분명히 인생의 후반전을 더욱 단단하고 당당하게 준비하려는 분들에게 꼭 필요한 필수 도서가 될 것입니다. 대학 시절 처음 만나 40년 넘게 동기이자 친구로 지내온 저자는 언제나 긍정적이고 열정적인 삶을 살아왔으며, 인문학적 소양이 넘치는 훌륭한 사람입니다. 그런 저자의 책을 추천해드릴 수 있어 매우 자랑스럽고 기쁩니다.

재단법인 피플 이영순 이사장

우리는 지금 AI와 같은 혁명적인 기술 발전, 세계 정세 불안, 기후 위기, 인구 소멸로 인한 국가 경쟁력 저하 등으로 인한 불확실성 시대에 살고 있습니다. 지금 이 시대는 우리 삶의 방식과 비즈니스의 형태를 바꾸고 새로운 일상(뉴노멀)을 요구합니다. 우리는 때때로 급변하는 환경에 대한 부적응, 이로 인한 불안과 긴장 때문에 힘들고 지치기 쉽습니다. 이러한 현실 속에서 우리 삶의 방향을 구체적으로 인도할 수 있는 길잡이가 될 저서가 나왔습니다. 『100세 시대 생존법』이 그것입니다. 저자의 경험을 기반으로 한 소박하고 친근한 문체로 우리 삶에 대한 단상을 정리한 이 책은 시원한 청량제가 될 듯합니다. 일독을 권합니다.

한국산업안전보건지도사협회 조윤희 회장

이 책은 36년간 안전 분야에 헌신해 온 저자가 집약한 실천적 지침서입니다. 급변하는 시대에 개인이 주체적이고 건강한 삶을 설계할 수 있도록 구체적인 방향을 제시합니다. 청년층에게는 시행착오를 줄이는 현실적 로드맵이, 장년층에게는 경제적·정서적 자립을 위한 유익한 해법이 담겨 있습니다. 또한 풍부한 경험과 사례를 바탕으로 신뢰할 수 있는 조언을 전하며, 독자에게 실질적인 도움을 제공합니다. 100세 시대를 두려움이 아닌 기회로 전환하고자 하는 모든 분께 이 책을 권합니다.

▌안전보건진흥원 강만구 원장

이 책은 정색하고 무겁게 인생 철학을 설파하지도, 성공적인 인생을 정의하거나 강요하지도 않습니다. 바쁜 일상 속에서 대수롭게 여기지 않고 흘려보낼 법도 한 소중한 삶의 지혜와 행복의 실마리를 찾아 보여줍니다. 건설안전 전문가로서 가정과 직장과 일상에서 슬기로운 삶을 사는 데 진심인 저자가 스스로 삶의 여정에서 확인한 지혜를 겸손하면서도 자신 있게 풀어낸 책입니다. 가벼운 마음으로 읽으면서 깊이 공감하고 하나씩 습관화하면 어떨까요? 일독을 정중히 권합니다.

▌대구학문외과 박준희 원장

이 책은 한 사람의 진심 어린 삶의 궤적을 따라가며, 우리 모두의 인생에 따뜻한 위로와 용기를 건넵니다. 평범한 일상 속 특별함을 발견해낸 저자의 시선은 독자들에게 삶을 되돌아보는 소중한 기회를 제공합니다. 누군가의 경험이 이렇게 큰 공감과 울림을 줄 수 있다는 것이 놀랍습니다. 이 책은 단순히 한 사람의 경험담을 넘어 우리 모두의 이야기이기도 합니다. 또한 삶을 값지게 살아가고 싶은 사람의 실용적이면서도 따뜻한 메시지가 가득 담긴, 보석같이 빛나는 책입니다. 삶의 길목에서 지혜와 희망을 찾고 싶은 분들께 꼭 권합니다.

> 대한건축사협회 김재록 회장

후배의 귀한 책 출간을 진심으로 축하합니다. 이 책은 저자의 진심과 체험이 고스란히 녹아 있는 인생 지침서입니다. 단순한 정보가 아니라 가족을 위한 장기근속의 가치, 부모의 배움이 자녀에게 주는 효과, 질병 앞에서 현명하게 대처하는 방법, 그리고 자녀로부터 슬기롭게 용돈 받는 법 등 실천적인 조언으로 가득합니다. 특히 요즘처럼 복잡한 세상 속에서 어떻게 살아야 할지 고민하는 이들에게 차분하게 방향을 제시해줍니다. 진심으로 삶을 아끼고 가족을 소중히 여기는 분들에게 꼭 권하고 싶은 책입니다. 당신의 하루하루를 조금 더 슬기롭고 든든하게 만들어줄 이 책을 자신 있게 추천합니다.

> 조환호 저자(『감성안전—뉴 패러다임』 집필)

'생생 백 세'냐, '골골 백 세'냐는 지금 결정됩니다. 100세 시대, 늦기 전에 조정호 박사의 『100세 시대 생존법』을 만나세요. 매일매일 이 책의 조언대로 실천하는 습관, 바로 생생 백 세의 시작입니다! 회사를 넘어 가정, 그리고 일상생활 속에서 실천할 수 있는 70가지 슬기로운 생활 방식은 독자들에게 새로운 시야를 열어줄 것입니다. 이 책을 통해 더 이상 우물쭈물하지 않고, 작은 용기와 약간의 뻔뻔함, 그리고 조금의 이기적인 마음으로 자신만의 멋진 노후를 설계하시길 강력히 권합니다.

▍(사)아시아친환경자원협회 김재권 회장

이 책의 저자는 두산건설 재직 시절부터 주경야독하며 사내 최연소 기술사 2관왕에 이어 박사 학위까지 취득한, 성실함의 대명사입니다. 저자는 두산그룹에서 건설 사업 관리, CM 안전 분야에 탁월한 능력을 나타내었고, 대외 산학계에서도 실력을 인정받아서 정림씨엠건축사사무소에서 큰 역할을 하고 있습니다. 그는 계획적으로 삶을 살아가며 잠시의 시간도 헛되이 보내지 않는 진정한 노력가입니다. 이번 저서는 그런 저자의 경험과 통찰이 고스란히 담겨 있어, 진정한 '슬기로운 생활'이 무엇인지 알려줍니다. 특히, 변화에 민감한 MZ 세대에게 실용적인 삶의 방향을 제시할 뿐 아니라, 중장년층에게도 삶의 지혜와 통찰을 제공하는 책이므로 강력히 추천합니다. 늘 자기 계발을 멈추지 않는 작가가 앞으로 또 어떤 도전을 이어갈지 벌써부터 기대가 큽니다. 이 책이 많은 이들에게 삶의 나침반이 되기를 진심으로 바랍니다.

▍㈜현대안전/현대골프 김일규 회장

대한민국의 건설안전을 위해 언제나 묵묵히 헌신하고 있는 저자에게 깊은 감사와 존경을 표합니다. 바쁜 일상 속에서도 소중한 시간을 쪼개어 집필한 이번 책은 단순한 지식의 나열을 넘어, 몸소 체득한 귀중한 경험과 노하우가 정성스럽게 녹아 있는 실용적인 책이라 할 수 있습니다. 이러한 책을 세상에 내놓는다는 것은 결코 쉬운 일이 아니며, 그 과정에서 보여준 저자의 열정과 끈기는 우리 모두에게 큰 감동과 귀감이 될 것입니다. 이 책은 누구나 쉽게 읽고 실천할 수 있도록 구성되어 있어, 다양한 연령대의 사람들에게 유익한 내용으로 가득 차 있습니다. 행복한 삶을 추구하는 모두에게 길잡이가 되어줄 이 책의 출간을 진심으로 축하하며, 앞으로도 작가의 식지 않는 열정이 담긴 더 많은 책들이 세상에 나와 우리 사회에 귀한 빛이 되기를 기대합니다. 진심 어린 박수와 함께 이 귀한 책의 출간을 축하합니다

㈜서진 서진용 대표

늘 자기 계발을 멈추지 않는 저자의 모습은 많은 이들에게 귀감이 됩니다. 사람들과의 관계를 따뜻하게 이어가며, 주위에 긍정적인 에너지를 전해주시지요. 후배들에게는 든든한 버팀목이 되어주시고, 선배들께는 깊은 존경을 표현하시는 모습이 인상적입니다. 함께 있으면 배우게 되고, 멀리서 봐도 본받고 싶은 분입니다. 이 책을 통해 그런 저자의 진심과 깊이가 독자에게 전해지리라 믿습니다. 항상 새로운 도전을 두려워하지 않는 모습에 박수를 보냅니다. 앞으로의 여정에도 늘 응원과 파이팅을 보냅니다!

한국방재안전보건환경기술원㈜ 오희근 대표

바야흐로 100세 시대, 우리는 그저 오래 사는 것을 넘어 어떻게 '슬기롭게' 살아갈 것인가에 대한 깊은 고민을 안고 있습니다. 안전 분야의 전문가인 저자가 출간한 이 책은 이러한 시대적 요구에 대한 명쾌하고 실질적인 해답을 제시합니다. 특히 저자 본인의 36년에 걸친 직장 생활 경험과 다양

한 분야에서의 전문성을 바탕으로 한 내용은 현실적인 조언과 깊은 통찰을 제공합니다. 이 책은 독자들이 주도적인 삶을 설계하고 실천할 수 있도록 돕는 든든한 길잡이가 되어줄 것입니다.

월간 「안전세계」 김진철 대표

이 책은 저자가 오랜 시간 동안 건설회사에서 건축과 안전 업무를 담당하며 쌓아온 노하우와 경험을 담은 책입니다. 이 책은 사회에 첫발을 내딛는 신입사원이나 현재 직장에서 중추적인 역할을 맡고 있는 직장인들에게 큰 시행착오 없이 삶을 설계할 수 있도록 밝은 등대가 되어줄 것입니다. 또한 누구나 쉽게 읽고 이해할 수 있는 구성과 내용으로 이루어져 있으며, 직장 생활뿐만 아니라 인생 전반에 걸쳐 도움이 되는 지혜를 얻을 수 있습니다. 이 책을 통해 여러분의 삶이 더욱 풍요로워지고 발전하길 기원합니다.

㈜안전하는사람들 이효배 대표

이 책은 저자의 풍부한 경험과 삶의 지혜가 담겨 있어, 독자들에게 앞으로의 인생에 큰 도움이 될 것이라 확신합니다. 특히 그의 삶에 대한 열정적인 자세와 끊임없는 자기 계발은 많은 이들에게 귀감이 될 것입니다. 이 책을 통해 독자들이 지혜롭고 주체적인 삶을 살아가는 데 필요한 실천적인 지침을 얻을 수 있기를 기대하며, 일독을 강력히 추천합니다.

| 두산건설 김홍재 건축사업본부장

　저자는 직장 생활을 하는 36년 동안 누구보다 성실하게 살아왔고, 지금도 후배들에게 귀감이 되고 있습니다. 저자는 건축을 전공했지만, 남들이 가지 않은 길인 안전 분야에 과감히 도전하여 건설사업관리 안전협의회 회장으로서 대한민국 건설안전을 선도하고 있습니다. 저와 필자는 36년 전 대전의 한 아파트 현장에서 함께 근무하며 인연을 맺었고, 지금은 서로 다른 분야에서 지속적인 도전 정신과 열정으로 각자의 자리에서 리더로서의 역할을 수행하고 있습니다. 이번에 출간한 이 책은 작가의 삶과 경험을 담은 소중한 기록이자 나이를 불문하고 누구나 쉽게 공감하고 벤치마킹할 수 있는 훌륭한 지침서입니다. 앞으로도 이어질 작가의 새로운 도전과 성공을 진심으로 응원하며, 이 책을 자신 있게 추천합니다.

| 前 거래가격주식회사 박헌준 대표이사

　우리는 인생이라는 길을 걸으며, 좋든 싫든 수많은 사람들과 필연적으로 관계를 맺으며 살아갑니다. 우연히 스쳐 가는 일회성의 만남도 있고, 한 번의 만남이 오랜 벗이 되는 인연으로 이어지기도 합니다. 이 책의 저자는 사회생활과 인간관계의 중요성과 가치를 삶으로 실천하는 따뜻한 사람입니다. 처음 만나는 사람과도 쉽게 가까워질 만큼 넉넉하고 부드러운 성품을 지닌 저자는, 18년을 함께하는 동안 언제나 배려심 깊고 성실하며 의리 있는 벗이었습니다. 저자의 끊임없이 배우고 미래에 도전하는 자세는 늘 좋은 자극이 되어주었습니다. 이번에 책을 출간한다고 들었을 때, 다시

한 번 놀랐습니다. 이 책에는 저자가 살아오며 겪은 소박하지만 진지한, 누구나 공감하고 성찰해볼 수 있는 인생의 깊이가 담겨 있습니다. 사회적 관계와 사람에 대한 인간적 통찰이 필요한 모든 분들께 이 책을 진심으로 추천해드립니다. 이 책을 읽는 동안 독자 여러분의 마음이 한층 따뜻해지고, 그동안 살아온 삶을 돌아볼 수 있으리라 확신합니다

(사)한국산업안전보건지도사협회 남선일 이사장

이 책은 저자의 치열한 삶의 궤적, 풍부한 현장 경험, 그리고 따뜻한 가족애가 어우러져, 실천 가능한 생존의 지혜를 담아낸 인생 안내서라 생각합니다. 평범한 일상 속에서 자칫 지나치기 쉬운 깨달음과 누구나 공감할 수 있는 생생한 사례들을 통해, 우리는 이 책에서 '지혜로운 삶'으로 가는 방향을 자연스럽게 발견하게 됩니다. 신입사원부터 최고 경영자에 이르기까지, 직장과 가정, 그리고 일상에서 실천할 수 있는 삶의 70가지 지혜는 세대를 초월해 모두에게 울림을 주며, 100세 시대를 살아갈 우리 모두에게 든든한 삶의 이정표가 되어줄 것이라 확신합니다. 이 소중한 책의 출간을 진심으로 축하드리며, 모든 분들께 일독을 권합니다.

해피앤카 이승익 대표

대한민국 ROTC 25기 제7대 총동기회장을 역임한 저는 이 책의 저자와 비슷한 점이 참 많습니다. 저자는 ROTC 출신답게 탁월한 리더십과 따뜻한 인간미를 바탕으로 CSMA, CSMC, KOSHA 협의회를 비롯한 건설안전

분야 여러 단체에서 핵심적인 역할을 수행해왔습니다. 현재는 건설사업관리 CM안전협의회 회장으로 활발히 활동하며, 현장의 안전을 이끄는 중심인물로 자리매김하고 있습니다. 자기 계발을 꾸준히 실천하는 모습도 인상적입니다. 언제 기술사 자격과 박사 학위를 취득했는지 모를 정도로 조용히, 그러나 확실히 자신의 길을 걸어왔습니다. 주말마다 정성껏 가꾼 텃밭의 농작물을 이웃과 나누는 모습은 그의 따뜻한 성품을 단적으로 보여줍니다. 이 책은 그가 현장에서 직접 보고 느끼고 경험한 내용을 바탕으로 집필한 것으로, 실무자들에게 꼭 필요한 생생한 사례와 현실적인 조언이 가득 담겨 있습니다. 책장을 넘기다 보면 그의 진정성과 열정에 고개를 끄덕이게 됩니다. 늘 새로운 것에 도전하며 자신을 증명해온 저자의 다음 행보가 벌써부터 기대됩니다. 이 책은 분명 독자 여러분께 실질적인 지침이자 소중한 자산이 될 것입니다.

철근콘크리트공사업협의회 장세현 회장

너무나 멋진 책의 출간을 진심으로 축하합니다. 저자는 양천구 신정동 재개발 현장소장으로 재직하며, 원청과 협력업체 간 단합을 위한 체육대회 개최 및 지역사회 봉사활동 등을 지속적으로 해왔습니다. 그리고 무엇보다 근로자와의 관계를 소중히 여기며, 고귀한 노동과 인간 존중의 가치를 현장에서 몸소 실천해왔습니다. 그 따뜻한 경험들이 고스란히 녹아든 이 책은 단순한 현장 기록을 넘어, 바람직한 삶의 태도는 무엇인가 하는 질문을 던집니다. 늘 사람을 믿고 신뢰를 바탕으로 진심을 다하는 저자의 모습은 선배들에게는 믿음이, 후배들에게는 귀감이 되어왔습니다. 밝고 건강한 사회생활이란 어떤 것인지 이 책을 통해 확인하실 수 있습니다. 저자의 사려 깊은 시선, 풍부한 경험과 전문성이 잘 담긴 이 책은 100세 시대를 성실히 살아가는 모든 이들에게 꼭 필요한 인생 안내서입니다.

| 前 국군의무사령관 김록권(예비역 육군 중장)

2025년은 우리나라가 초고령 사회로 진입하는 원년이 되는 해입니다. 이러한 시기에 저자는 산업 현장의 안전에만 관심을 갖고 있는 줄 알았는데 100세 시대의 생존법까지 논한 것은 정말 뜻밖입니다. 의학적인 접근보다는 사회학적, 철학적인 접근을 통해 쓰인 내용이 많아 누구든지 고개를 끄덕일 만합니다. 이 책은 고령화 시대를 살아가는 우리 모두에게 꼭 필요한 '생활 지혜 백과'입니다. 건강, 인간관계, 재정, 마음가짐까지 삶의 모든 영역을 아우르는 70가지 실천법은 어렵지 않으면서도 깊은 통찰을 담고 있습니다. 특히 인생 후반전을 준비하는 이들에게는 나침반 같은 역할을 해줍니다. 하루하루를 더 의미 있게, 더 건강하게, 더 지혜롭게 살아가고 싶은 사람이라면 반드시 곁에 두고 읽어야 할 책입니다. 지금이 바로, 슬기로운 100세 인생을 시작할 때가 아닐까요?

| 고용노동부 양승준 성남지청장

삶이 길어지는 시대, 우리는 '어떻게 잘 살아갈 것인가'에 대한 깊은 통찰이 필요합니다. 이 책은 바로 그 질문에 현실적이고 따뜻한 해답을 제시하는

책이며 치열한 현대 사회에서 주도적인 삶을 살고자 하는 이들에게 꼭 필요한 실천 지침서입니다. 특히 이 책은 청년부터 중장년층까지, 모든 세대가 공감할 수 있는 조언들로 가득합니다. 자녀에게 용돈은 급여 이체로 받으라는 현실적인 조언이나, 큰 병 진단 시 세 곳 이상의 병원을 찾으라는 지침은 실제적인 조언 그 자체입니다. 자기 계발, 재정, 인간관계, 건강 등 삶 전반을 아우르는 이 책은 저자 자신의 삶에서 얻은 경험과 통찰을 바탕으로 독자들에게 보다 주체적이고 슬기로운 삶을 설계할 수 있도록 돕는 훌륭한 안내서입니다.

대한민국산업현장교수단 최명기 교수

이 책은 단순한 자기 계발서가 아닙니다. 안전을 삶의 중심 가치로 삼고 살아온 작가의 36년 현장 경험이 고스란히 녹아 있는 실천적 인생 안내서입니다. 이 책은 회사·가정·일상이라는 각 영역에서 안전을 지키는 전략과 지혜를 현실적으로 제시합니다. 회사 편에서는 장기근속, 자격증 취득의 시기, 기록의 중요성 등 직장인에게 꼭 필요한 생존 전략이 담겨 있습니다. 특히 '자격증은 39세 이전에 취득하라'라는 조언은, 젊은 나이에 기술사·지도사·박사 학위를 취득한 저자의 실제 경험을 바탕으로, 자격이 단순한 스펙이 아닌 생존 무기임을 강조합니다. 저자의 통찰은 단순한 조언을 넘어, 누구나 직접 실천할 수 있는 전략으로 이 책 전반에 제시되었습니다. 안전 전문가에게는 현장의 감각과 철학을 되새기게 하고, 일반 독자에게는 삶 전반에 안전을 중심에 두는 사고방식을 갖게끔 하는 책입니다.

| (주)포스트구조기술 김곤묵 연구소장

이 책은 저자의 삶을 토대로, 어떻게 의미 있는 인생을 살아갈 수 있는지, 그리고 그 과정에서 무엇을 준비해야 하는지에 대한 깊은 통찰을 담아낸, 마치 인생의 나침반과도 같은 작품입니다. 저자는 자신의 경험과 성찰을 바탕으로, 독자들이 삶의 각 단계에서 맞닥뜨리는 선택과 도전에 대해 분명한 방향성을 제시합니다. 특히 직장 생활 속에서 자기 계발에 몰두하는 직장인들에게는 성장의 동력을 되찾는 계기를, 그리고 제2의 인생을 시작하려는 퇴직자들에게는 새로운 삶을 설계하는 용기와 방법을 제공합니다. 단순한 자기 계발서가 아닌, 세대를 초월해 모든 이에게 적용 가능한 실천적 지혜가 가득 담겨 있어, 인생의 전환점에 서 있는 이들에게 더욱 큰 울림을 줍니다. 이 책을 통해 독자는 자신의 내면을 깊이 들여다보고, 보다 단단하고 가치 있는 인생 여정을 설계할 수 있을 것입니다.

Foreign Copyright: Joonwon Lee   Mobile: 82-10-4624-6629
Address: 3F, 127, Yanghwa-ro, Mapo-gu, Seoul, Republic of Korea
         3rd Floor
Telephone: 82-2-3142-4151
E-mail: jwlee@cyber.co.kr

슬기로운 생활 70가지
100세 시대 생존법

2025. 9. 3. 초 판 1쇄 인쇄
2025. 9. 10. 초 판 1쇄 발행

저자와의 협의하에 검인생략

지은이 | 조정호
펴낸이 | 이종춘
펴낸곳 | BM ㈜도서출판 성안당

주소 | 04032 서울시 마포구 양화로 127 첨단빌딩 3층(출판기획 R&D 센터)
     | 10881 경기도 파주시 문발로 112 파주 출판 문화도시(제작 및 물류)
전화 | 02) 3142-0036
     | 031) 950-6300
팩스 | 031) 955-0510
등록 | 1973. 2. 1. 제406-2005-000046호
출판사 홈페이지 | www.cyber.co.kr
ISBN | 978-89-315-8595-7 (03320)
정가 | 18,000원

이 책을 만든 사람들
책임 | 최옥현
진행 · 편집 | 채정화
교정 · 교열 | 정지현
본문 · 표지 디자인 | 상:想 company
홍보 | 김계향, 임진성, 김주승, 최정민, 이해솔
국제부 | 이선민, 조혜란
마케팅 | 구본철, 차정욱, 오영일, 나진호, 강호묵
마케팅 지원 | 장상범
제작 | 김유석

이 책의 어느 부분도 저작권자나 BM ㈜도서출판 성안당 발행인의 승인 문서 없이 일부 또는 전부를 사진 복사나 디스크 복사 및 기타 정보 재생 시스템을 비롯하여 현재 알려지거나 향후 발명될 어떤 전기적, 기계적 또는 다른 수단을 통해 복사하거나 재생하거나 이용할 수 없음.

■ 도서 A/S 안내

성안당에서 발행하는 모든 도서는 저자와 출판사, 그리고 독자가 함께 만들어 나갑니다.
좋은 책을 펴내기 위해 많은 노력을 기울이고 있습니다. 혹시라도 내용상의 오류나 오탈자 등이 발견되면 "좋은 책은 나라의 보배"로서 우리 모두가 함께 만들어 간다는 마음으로 연락주시기 바랍니다. 수정 보완하여 더 나은 책이 되도록 최선을 다하겠습니다.
성안당은 늘 독자 여러분들의 소중한 의견을 기다리고 있습니다. 좋은 의견을 보내주시는 분께는 성안당 쇼핑몰의 포인트(3,000포인트)를 적립해 드립니다.
잘못 만들어진 책이나 부록 등이 파손된 경우에는 교환해 드립니다.